经济管理与人力资源管理创新

黄岩岩　陈竹青　杜素生◎著

线装书局

图书在版编目（CIP）数据

经济管理与人力资源管理创新 / 黄岩岩，陈竹青，杜素生著. -- 北京：线装书局, 2024.3
ISBN 978-7-5120-6009-8

I. ①经… II. ①黄… ②陈… ③杜… III. ①经济管理－研究②人力资源管理－研究 IV. ①F2

中国国家版本馆 CIP 数据核字(2024)第 058026 号

经济管理与人力资源管理创新

JINGJI GUANLI YU RENLI ZIYUAN GUANLI CHUANGXIN

作　　者：	黄岩岩　陈竹青　杜素生
责任编辑：	白　晨
出版发行：	线装书局
地　　址：	北京市丰台区方庄日月天地大厦 B 座 17 层（100078）
电　　话：	010-58077126（发行部）010-58076938（总编室）
网　　址：	www.zgxzsj.com
经　　销：	新华书店
印　　制：	三河市腾飞印务有限公司
开　　本：	787mm×1092mm　1/16
印　　张：	11
字　　数：	245 千字
印　　次：	2025 年 1 月第 1 版第 1 次印刷

定　　价：68.00 元

前　言

　　企业经济管理活动是企业合理使用经济资源的重要途径，有助于提高资源使用效率，切实降低成本费用，是企业进行经济决策的重要依据，是企业获得长远发展的影响条件。企业经济管理不只是经济管理的方式，也是企业生产力的表现。全球化进程不断加快，我国市场经济逐步完善，信息共享与产品流通有助于实现经济管理模式的创新。必须正确认识到经济管理模式创新属于系统工程。在创新管理模式下，必须结合自身实际情况以及发展环境的变化，提出创新管理新模式。

　　随着知识经济和经济全球化的迅速发展，人力资源管理已成为企业的关键管理职能，人力资源的有效开发与利用能够帮助企业赢得可持续发展的竞争优势，这一点已经成为人们的共识。在新常态经济下人力资源管理具有新常态特点。但是国内很多企业在人力资源实践中发现，随着经营环境变化，以往仅停留在重视人、用好人和激励人的一般人力资源管理水平已不能适应和满足企业发展与竞争的需要。新常态下对人力资源管理提出新的要求，企业人力资源发展要适应新常态则需要进行人力资源管理创新及突破，以实现人力资源管理的有效性及战略目标。这不但是现实管理需要，也是人力资源发展的必然趋势，更是企业应对新经济时代市场竞争的必然选择。因此，加强人力资源的管理工作，充分调动企业员工的积极性、主动性、创造性，发挥人力资源的潜能，已成为企业管理的中心任务。

　　本专著立足于企业经济管理的背景下，对低碳企业的人力资源开发与管理做出相应论述。本书为我们理清了经济管理的基础理论与低碳企业的经营管理及可持续发展，并主要介绍了企业人力资源中的人才管理，人员招聘、绩效、福利等方面的内容，并对新时代人力资源管理职能的转型与优化提供了建设方向。本书可为低碳企业经营管理和人力资源管理的人员提供参考。

　　本书在撰写过程中，学习和借鉴了许多同类教材和相关研究成果，引用了大量参考文献，在此对相关作者表示衷心的感谢！由于编者的水平有限，书中难免存在不足之处，恳请读者批评指正。

编委会

王　俊　巴音才茨克　侯璐璐
伍传健　杜　超　刘　凯
马转转　毛新和　吕晓康
杨婷婷　王星元　李　丽

目 录

第一章 经济管理专业基础理论 …………………………………………（1）
    第一节 经济管理的性质、原则及思想演变 ………………………（1）
    第二节 现代管理的基本原理 ………………………………………（5）
    第三节 经济管理的职能、内容及方法 ……………………………（8）
    第四节 经济管理者的素质和培养使用 ……………………………（18）
    第五节 经济管理的效益及评价 ……………………………………（20）

第二章 企业经济可持续发展 ……………………………………………（24）
    第一节 企业可持续发展概况 ………………………………………（24）
    第二节 企业可持续发展问题探讨 …………………………………（26）
    第三节 "新常态"下企业可持续发展战略 ………………………（31）
    第四节 企业可持续发展与财务 ……………………………………（37）
    第五节 低碳经济下的企业可持续发展 ……………………………（39）

第三章 人力资源战略与规划 ……………………………………………（44）
    第一节 人力资源战略 ………………………………………………（44）
    第二节 人力资源规划 ………………………………………………（46）
    第三节 组织结构与职位分析 ………………………………………（51）

第四章 员工招聘 …………………………………………………………（67）
    第一节 招聘概述 ……………………………………………………（67）
    第二节 招聘流程 ……………………………………………………（70）
    第三节 招聘评估 ……………………………………………………（82）
    第四节 招聘中的法律问题 …………………………………………（86）

第五章 新时代人力资源管理职能的转型与优化 ………………………（89）
    第一节 人力资源管理职能的转型 …………………………………（89）

第二节　人力资源管理职能的优化 …………………………………（100）

第六章　社会保障制度体系构建 …………………………………………（114）
　　第一节　社会保障制度的构成与发展 ……………………………（114）
　　第二节　社会保障法律制度与模式 ………………………………（118）
　　第三节　社会保障体系 ……………………………………………（125）
　　第四节　社会保障管理体制 ………………………………………（129）
　　第五节　社会保障水平 ……………………………………………（141）

第七章　社会保障之养老保险 ……………………………………………（145）
　　第一节　老年保障与养老保险 ……………………………………（145）
　　第二节　养老保险制度的实施 ……………………………………（146）
　　第三节　养老保险的基本内容 ……………………………………（151）
　　第四节　养老保险模式 ……………………………………………（158）
　　第五节　中国的养老保险制度 ……………………………………（161）

参考文献 ……………………………………………………………………（165）

第一章 经济管理专业基础理论

第一节 经济管理的性质、原则及思想演变

一、经济管理的性质和原则

微观经济学考察作为消费者的个人和公司在市场中的行为；而宏观经济学研究总体或集合经济，并检查如通货膨胀和失业一类的政策问题。微观经济学研究，家庭和企业如何做出决策以及他们在某个市场上的相互交易；宏观经济学研究整体经济现象。在经济分析中，以单个经济主体（作为消费者的单个家庭、作为生产者的单个厂商、作为消费者和生产者完成交易的单个市场）的经济行为作为研究对象的，称为微观经济学。微观经济学将经济行为的基本主体分为两大类：个人和企业。个人一方面是消费者，另一方面是生产要素（劳动、资本、土地、才能）的所有者；企业即生产单位，一方面是商品的生产者，另一方面是生产要素的需求者。微观经济学研究这些经济行为主体如何在一系列既定的假设条件下，在市场机制中通过价格机制，最终实现自己利益的最大化和资源的最佳配置，并使经济达到一般均衡。

微观经济学框架，即通过对微观个体经济单位经济行为的研究，来说明现代西方经济市场机制的运行和作用，以及改善这种运行的政策途径。这一框架由以下理论构成：消费者行为理论、均衡价格理论、生产和成本理论、市场结构理论、生产要素收入分配理论、一般均衡理论等。这些理论为公共部门经济学的实证研究，提供可以直接使用的分析工具。经济学的发展，是局限在微观经济学理论的知识范围内的。微观经济学理论，尤其是一般均衡理论的发展，在20世纪50年代使公共部门经济学发生了质的飞跃。公共部门经济学目前的理论发展应直接归功于微观经济理论。

借助于微观经济学理论和分析工具，经济学家根据最基本的前提条件，运用演绎法和数学模型，以及各种行政手段，解决在市场经济运行中存在的"市场失灵"问题，使各种资源得到最优的配置，以社会效用最大化为目的，来讨论政府的微观行为。这其中包括估，算政府制定政策的机会成本、沉淀成本，和取得社会效益的最大化以及指导其他微观主体的社会行为等等。微观经济学是使公共问题的争论转化为实证分析的有效途径，目的在于提高公共决策的科学性和合理性程度。

经济管理是指管理者或管理机构为了达到一定的目的，对社会经济过程进行预测、决策、计划、控制和监督等各项实践活动的总称。经济管理是人们进行共同劳动的客观要求。经济管理是一个庞大而复杂的系统，是一个统一的有机整体。经济管理具有二重性，即自然属性和社会属性。前者是指经济管理反映协作劳动、社会化生产和生产力发展需要的性质；后者是指经济管理反映社会生产关系发展需要的性质。经济管理的二重性原理，是由马克思首先提出的。管理的二重性是由生产的二重性决定的。经济管理的自然属性是经济管理的共性，经济管理的社会属性是经济管理的个性，经济管理的二重属性是同一管理过程的两个不同方面。学习和掌握经济管理的二重性原理，有助于我们探索和认识社会主义经济管理的客观规律，发展和完善中国特色社会主义经济管理学；有助于我们在社会主义现代化建设和社会主义市场经济的发展中坚持正确的方向；有助于我们加深理解"对外经济开放"的方针，正确对待资本主义的经济管理经验和方法。

经济管理的原则，是经济管理中观察和处理问题的规范和标准。经济管理的基本原则主要有：遵循客观规律的原则、物质利益原则、最佳效益的原则。

二、经济管理思想的演变

管理活动最初起源于人类的实践活动，在早期生产力水平极低的情况下，人们在狩猎采集食物的生活过程中就已经有了集体合作。保存至今的古代宏大建筑和劳动分工情况下制作出来的精美的工艺品，也表明了早在数千年前古人就已经掌握了丰富的管理技能。随着整个社会对人主体地位的关注，对人和组织关系的深入研究，管理学理论相应地发生着以下演变：

（一）早期的管理思想

中国是四大文明古国之一，在其各个历史发展时期都蕴含着丰富的管理思想。许多管理思想散见于各种古籍中，比西方早几千年提出来，许多管理思想至今还具有借鉴意义。

早期的管理思想产生于19世纪末以前。在古代，由于社会生产力水平低下，尽管一些杰出的思想家如亚里士多德、孙武、司马迁等提出了一些重要的管理思想,但都未能形成系统的管理理论体系。

18世纪60年代以后,西方国家开始进行产业革命。这一期间及后期,一些著名的人物都提出了一些重要的管理思想。亚当·斯密(Adam Smith)提出了劳动分工理论和"经济人"的观点;[1]罗伯特·欧文提出了重视人的因素的观点;查尔斯·巴贝奇(Charles Babbage)对作业进行了研究,提出了按照对生产率贡献大小来确定报酬的制度。[2]

(二)古典的管理思想

古典的管理思想产生于19世纪末到1930年之间,以泰罗(Frederick Winslow Taylor)和法约尔(Henry Fayol)等人的思想为代表。

泰罗是科学管理理论的创始人,在资本主义管理史上,他被称为"科学管理之父"。泰罗科学管理理论的主要内容集中体现在作业管理和组织管理方面。在作业管理方面,泰罗的三项管理方法为:第一,制定科学的工作方法;第二,科学地选择和培训工人;第三,实行刺激性的差别计件工资制。在组织管理方面,泰罗也制定了三项管理方法:第一,把计划职能和执行职能分开,设立专业计划部门,按照科学的规律制订计划,管理企业;第二,实行职能工长制;第三,利用例外原则进行管理控制。[3]

法约尔的管理思想主要体现为:第一,法约尔认为经营和管理是两个不同的概念。经营是指导或引导一个整体趋向一个目标,它包括技术、商业、财务、安全、会计、管理六项活动。管理只是经营活动中的一项,管理活动又包括五个要素或五个职能,即计划、组织、指挥、协调和控制。第二,法约尔在长期的管理实践中总结出了有名的"法约尔法则",即大企业的下级阶层、小型企业和初级企业的经理,最重要的能力是技术能力,中等规模以上企业的经理和大企业的车间主任及以上管理人员最重要的能力是管理能力。第三,法约尔总结了十三项一般管理原则:劳动分工、权力和责任、纪律、统一指挥、统一领导、个人利益服从整体利益、人员的集中、等级制度、秩序、公平、人员的稳定、首创精神、人员的团结。[4]

(三)中期的管理思想

中期的管理思想产生于1930年到1945年,以乔治·埃尔顿·梅奥(George Elton Mayo)和切斯特·巴纳德(Chester Irving Barnard)等人的思想为代表。梅奥是人群关系学派的代表人物。人群关系理论的主要内容:第一,工人是复杂的社会系统的成员,他们不仅是"经济人",更是"社会人",不仅有经济动机,

---

[1] 刘章铭.简析亚当·斯密的税收原则[J].魅力中国.2020,(32):148-149.
[2] 科学管理的先驱者——查尔斯·巴贝奇[J].现代班组.2016,(3):23.
[3] 李萍.浅析泰罗科学管理对我国当前公共管理的启示[J].中国管理信息化.2020,23(11):223-224.
[4] 杨燕楠.法约尔管理思想探究[J].广西职业技术学院学报.2016,9(3):58-60,63.

更有社会和心理方面的需要,因此,必须注意从社会和心理方面寻找提高工人积极性的办法。第二,企业中存在着非正式组织,管理者只重视正式组织是不够的,还要充分认识到非正式组织的作用,注意在正式组织的效率逻辑与非正式组织的感情逻辑之间作好平衡,以便充分发挥每个人的作用,提高劳动生产率。第三,生产效率的高低主要取决于工人的工作态度,即士气。士气越高,生产效益也就越高。管理者要通过对职工满足度的提高,来激励职工的士气。[①]

巴纳德是组织理论的代表人物。他认为,组织是一个系统,在组织内主管人是最重要的因素,只有依靠主管人的协调,才能维持一个"努力合作"系统;组织的存在要有三个基本条件,即明确的目标、协作的意愿和意见的交流;要使组织存在和发展,必须符合组织效力和组织效益原则。[②]

(四)现代的管理思想

现代管理思想产生于1945年以后。这一时期管理思想非常活跃,出现了一系列管理学派。这里主要介绍行为科学学派、决策理论学派、经验主义学派和权变理论学派。

行为科学学派的代表人物主要有马斯洛(Abraham H. Maslow)、弗雷德里克·赫茨伯格(Frederick Herzberg)、麦克雷戈(Douglas M•Mc Gregor)等。马斯洛提出了需要层次论。他认为人的需要有五个层次:生理的需要、安全的需要、感情和归属上的需要、地位和受人尊重的需要、自我价值实现的需要。赫茨伯格提出了双因素论。他认为,影响工作动机的因素主要有两类:一类是外部因素,如基本工资、工作安全以及周围关系等,这些因素一般不构成强烈激励,因此也叫保健因素;另一类是内在因素,包括工作本身、成就、晋升等,这类因素是满足个人发展或自我价值实现的因素,因而是真正的激励因素。[③]麦克雷戈提出了X理论-Y理论。[④]

决策理论学派的代表人物是赫伯特·西蒙(Herbert A. Simon)。该学派认为,管理的关键在于决策。因此,管理必须采取一套制定决策的科学方法。决策理论的主要论点是,决策是一个复杂的过程;根据决策的性质可以把它们分为程序化决策和非程序化决策;根据令人满意的准则进行决策;组织设计的任务就是建立一种制定决策的人机系统。[⑤]

经验主义学派的代表人物主要是欧内斯特·戴尔(Ernest Dale)和彼得·德鲁克(Peter F•Drucker)。该学派认为,管理学就是研究管理经验的,通过对管

[①] 乔治·埃尔顿·梅奥:人际学说的创始人[J].现代企业文化.2013,(2).
[②] 昀熙.切斯特·巴纳德:现代管理理论之父[J].现代企业文化(上旬).2013,(6):52-53.
[③] 刘峥.从马斯洛需要层次谈压力[J].心理与健康.2019,(3):76-77.
[④] 魏琦卉.道格拉斯·麦格雷戈:管理员工最有效的方式是什么?[J].经营与管理.2015,(9):10-11.
[⑤] 决策管理大师:赫伯特·西蒙[J].现代班组.2009,(4):25.

理中成功经验和失误教训的研究，就能认识和理解问题，就能学会进行有效的管理。以这一思想为基点，该学派主张从企业管理的实际出发，特别是以大企业的管理经验与案例为主要研究对象，对其进行概括和理论化，从而向企业管理人员提供实际的建议。①

权变理论学派的主要代表人物有卢桑斯（Fred Luthans）和菲德勒（Arthur Fiedler）。该学派认为，在管理中要根据组织所处的内外环境变化而随机应变，针对不同情况采用相宜的管理模式与方法。他们认为，没有一成不变的、普遍适用的、最好的管理模式和方法。②

第二节 现代管理的基本原理

企业管理的基本原理，是人们在长期的企业管理实践中总结出来的、具有普遍意义的管理工作的基本规律。它是对企业管理工作客观必然性的揭示，对企业管理者的管理活动具有指导性和规范性。企业管理者如果违背了管理原理，就会受到客观规律的惩罚，就要承受严重损失。

一、系统原理

所谓系统，就是由相互作用和相互依赖的若干部分（要素或子系统）结合而成的、具有特定功能的并处于一定环境中的有机集合体。系统是普遍存在的，从不同的角度划分，系统可分为不同的类型。

任何管理对象都是一个特定的系统。现代管理的每一个基本要素都不是孤立的，它既在自己的系统之内，又与其他系统发生各种形式的联系。为了达到现代科学管理的优化目的，必须对管理进行充分的系统分析。这就是现代管理的系统原理。

运用系统原理研究管理问题，必须要明确：系统由哪些要素组成；系统内外部之间的作用方式和联系方式；系统及其要素具有的功能；系统的生产、发展过程对现存系统的影响，以及发展的趋势；维持、完善与发展系统的源泉和因素；完善系统功能的途径。

管理的决策和措施，就是建立在上述的系统分析基础之上的，其中特别重要的是要把握好系统的四个特性，即目的性、整体性、层次性、环境适应性。

二、人本原理

所谓人本原理，就是指一切管理活动均应以调动人的积极性、做好人的工作

---

① 肖旭.经验学派的领军人物：欧内斯特·戴尔［J］.比较管理.2014，（2）：70-82.
② 张瑜.权变管理大师弗雷德·卢桑斯［J］.管理学家：实践版.2010，（9）：44-50.

为根本。在我国社会主义现代化建设中，必须遵循人本管理原理，从保护人的根本利益出发，尊重人的合理意愿，维护人的基本权益，促进人的全面发展，采取各种有效措施，把各级各类管理人员和所有劳动者的积极性、主动性和创造性充分调动起来，才能实现我们的奋斗目标。因此，一要建立适宜的体制，二要创造良好的环境，三要树立正确的人才观，积极促进人才流动。

三、责任原理

在管理活动中，要在合理分工的基础上，明确规定每个部门和个人必须完成的工作任务，并承担相应的责任，同时要处理好责任、权力、利益之间的关系。管理过程就是追求责、权、利统一的过程。职责、权限、利益是三角形的三个边，是相等的。能力是等边三角形的高。在实际管理中，能力略小于职责，从而使工作富有挑战性。这样，管理者的能力与其所承担的职责相比，常有能力不足的感觉，会产生一种压力，从而促使管理者加强学习，不断学习新知识，并且可以发挥参谋、智囊的作用。使用权力时，他会做到谨慎小心，使工作本身变成工作的一种动力。当然，能力不能过小，以免承担不起职责所需要的能力。也有人认为，高层次管理人员应是能力略大于职责，而中低层管理人员职责能力略小于职责好些。

四、效益原理

管理活动的出发点和归宿在于，利用最小的投入或消耗创造出更多更好的效益，对社会做出贡献。"效益"包括"效率"和"有用性"两方面，前者是"量"的概念，反映耗费与产出的数量比；后者属于"质"的概念，反映产出的实际意义。效益表现为量与质的综合，社会效益与经济效益的统一，其核心是价值。效益原理强调要千方百计追求管理的更多价值。追求的方式不同，所创造的价值也不同。一般表现为下列情况：耗费不变而效益增加；耗费减少而效益不变；效益的增加大于耗费的增加；耗费大大减少而效益大大增加。显然，最后一种是最理想的目标。为了实现理想的管理效益，必须大力加强科学预测，提高决策的正确性，优化系统要素和结构，深化调控和评价，强化管理功能。

五、创新原理

创新是组织要根据内外环境发展的态势，在有效继承的前提下，对传统的管理进行改革、改造和发展，以使管理得以提高和完善的过程。创新原理是对现有事物构成要素进行新的组合或分解，是在现有事物基础上的进步或发展，是在现有事物基础上的发明或创造。创新原理是人们从事创新实践的理论基础和行动指南。创新虽有大小、高低层次之分，但无领域、范围之限。只要能科学地掌握和运用创新的原理、规律和方法，人人都能创新，事事都能创新，处处都能创新，时时都能创新。

六、可持续发展原理

可持续发展，既不是单指经济发展或社会发展，也不是单指生态持续，而是指以人为中心的自然-经济-社会复合系统的可持续发展。可持续发展是能动地调控自然-经济-社会复合系统，使人类在没有超越资源与环境承载能力的条件下，促进经济发展、保持资源永续和提高生活质量。可持续发展没有绝对的标准，因为人类社会的发展是没有止境的。它反映的是复合系统的动作状态和总体趋势。可持续发展包括生态持续、经济持续和社会持续，它们之间互相关联又不可分割。孤立追求经济持续，必然导致经济崩溃；孤立追求生态持续。不能遏制全球环境的衰退。生态持续是基础，经济持续是条件，社会持续是目的。人类共同追求的应该是自然-经济-社会复合系统的持续、稳定、健康发展。

七、动力原理

所谓动力原理，就是指管理必须有很强大的动力，而且只有正确运用动力，才能使管理持续而有效地运行。

管理的动力大致有三类，即物质动力、精神动力和信息动力。物质动力是管理中最根本、最重要的动力，是通过利用人们对物质利益的追求，对经济活动实施管理；精神动力，就是用精神的力量来激发人的积极性、主动性和创造性；信息动力，就是通过信息的交流所产生的动力。

现代管理中正确运用动力原理应注意把握三点：一要综合、协调运用各种动力，二要正确认识和处理个体动力和集体动力之间的辩证关系，三要在运用动力原理时，要重视"刺激量"这个概念。

八、能级原理

现代管理中，机构和人员的能量有大小之分，当然也就可以分级。所谓分级，就是建立一定的秩序、一定的规范和一定的标准。现代管理的任务，就是建立一个合理的能级，使管理的内容动态地处于相应的能级之中。这就是现代管理的能级原理。

现代管理中科学运用能级原理，应注意把握三点：一是能级管理必须按层次进行，并且有稳定的组织形态，二是不同的能级应表现出不同的权力、责任、物质利益和精神荣誉，三是各类能级必须动态地对应。

九、时空原理

所谓时空原理，是指现代管理是在一定的时间和空间内进行的，只有充分地把握时空变化情况，科学地、合理地、高效地利用时间和空间，才能取得管理的高效益。

由于时间空间的变化与运动着的物质状态密切联系，所以，在现代管理中观察任何事物运动的时候，就一定要注意其时空变化。时空的变化一般有以下几种情况：一是系统结构随着时间的变化而变化，二是系统的结构随着空间的变化而变化，三是系统运动状态变化的速度与时间空间的变化是一致的，四是时空与空间可以变换。

第三节 经济管理的职能、内容及方法

一、经济管理的职能

我国已建立的社会主义市场经济体系，既具有市场经济的共性，又具有自己的独到之处——与社会主义连接在一起。当前，我国经济在取得飞速发展的同时，也面临着严峻的挑战：物质基础比较薄弱、总体发展水平比较低等。如何平衡一个国家的宏观调控和市场调节对经济的作用，是重中之重。下面从政府的角度出发，简要论述"政府应如何履行经济管理的职能"，"如何做到'有所为有所不为'，促进经济的发展"。在社会主义市场经济的条件下，政府承担着保障人民民主和维护国家长治久安、组织社会主义经济建设、组织社会主义文化建设、提供社会公共服务四项主要职能，但并不意味着政府可以包办一切。政府在行使其职能过程中，不能出现"越位""错位"等行为。政府只能在法定的范围内切实履行自己的职权，把该管的能管的事情管好，做到依法行政，才能最广泛、最充分地调动一切积极因素，提高政府的效能。我们既不能停留在过去认为"管得越多的政府越是好政府"，也不能认为随着政府职能的转变"管得越少的政府越是好政府"，政府要做到"有所为，有所不为"。

我国现阶段的经济环境有以下两个特点：第一，生产力发展很快，物质基础较为雄厚。第二，生产力发展水平总体还不高。主要表现在生产社会化、现代化水平不高，总体能力差，劳动生产效率低下，人均产值低于世界平均水平；农业仍是国民经济的薄弱环节，不能满足经济发展和人民生活水平提高的要求。因此，政府应该履行经济管理职能，做到"有所为，有所不为"，以促进经济的发展。

（一）要明确政府的经济管理职能有哪些

只有明确了政府经济管理职能的范围，政府在管理经济时才能明确"哪些可为，哪些不可为"。经济职能是行政管理最重要的职能，经济职能作为上层建筑，必然要为经济基础服务。政府的大量工作是对国家经济进行管理，包括合理配置资源、保持经济均衡发展提高国力、促进社会进步、改善民生等。政府管理经济的职能，主要是制定和执行宏观调控政策，搞好基础设施建设，创造良好的经济发展环境。同时，要培育市场体系，监督市场运行和维护平等竞争，调节社会分配和组织社会保障，控制人口增长，保护自然资源和生态环境，管理国有资产经营，实现国家的经济和社会发展目标。政府运用经济、法律和必要的行政手段管理国民经济，但不直接干预企业的生产经营活动。明确政府管理经济职能的范围，是政府高效能管理经济、促进经济发展的前提条件。

1. 预测职能

经济预测，就是对客观经济过程的变化趋势所做出的预料、估计和推测。经济预测是经济决策和经济计划的科学前提，是正确认识经济环境及其变化的必要条件，是提高经济效益的必要保证。经济预测应遵循的原则：系统性原则、连续性原则、类推原则。经济预测的一般程序和步骤：确定预测的目的和任务；收集和分析有关资料；选择预测方法，进行预测计算；对预测结果进行评定和鉴别。经济预测的方法有两类，一是定性分析预测法，二是定量分析预测法。

2. 决策职能

经济决策，是指人们在经济管理活动中，对未来经济和社会发展目标、发展规划、行动方案、改革策略和重大措施等所做出的选择和决定。经济决策的程序：调查研究，提出问题；确定目标，拟订方案；方案评估，择优决断；实施决策，追踪反馈。经济决策具有重要的意义和作用：经济决策是经济管理的核心内容，它决定着不同层次、不同范畴的经济活动的发展方向；经济决策贯穿了经济管理的整个过程；决策的正确与否，决定着经济建设的成败和经济效益的高低；经济决策对社会政治和人们的心理也产生重大影响。

3. 计划职能

经济计划，是指人们按照经济的内在联系，对未来经济活动的发展过程所做的具体安排与部署。经济计划在我国的经济管理活动中仍具有重要作用。我国的社会主义计划体系，是由经济发展计划、社会发展计划和科学技术发展计划等多种计划系列所组成的。计划职能是指根据组织的内外部环境并结合自身的实际情况，制定合理的总体战略和发展目标，通过工作计划将组织战略和目标逐层展开，形成分工明确、协调有序的战略实施和资源分配方案。其步骤主要包括：选定目标；确定前提条件；发掘可行方案；评估方案；选定方案；拟定辅助计划；进行相应的预算，用预算使计划数字化；执行计划。经济计划的原则：长期计划、中期计划与短期计划相结合；稳定性与灵活性相结合；可行性与创造性相结合；量力而行与留有余地相结合。

4. 控制职能

经济控制，是指为了保证决策目标的实现和计划的完成，而对经济活动过程进行检查、监督和调节的管理活动。经济控制必须具备三个前提条件，即控制要围绕目标进行、控制要按标准进行、控制要有组织机构。经济控制，按控制的系统关系可分为自力控制和他力控制；按控制的实施方式可分为直接控制和间接控制；按控制活动和经济运行过程中实施的时间不同，可分为预防控制、现场控制和反馈控制。以上三种控制方式的具体内容不同，因而实施控制的效果和要求也是不同的。经济控制的方法有会计控制、预算控制、审计控制、人员行为控制等。

5. 监督职能

经济监督，是指对经济活动的监察或督导。监察就是监督和检查经济活动参与者的经济行为是否符合各种法律、政策、制度等有关规定；考察经济活动是否符合原定目标的要求，如不符合，则需要查明出现偏差和导致失误的原因。督导就是对经济活动的督促和引导，纠正偏差，确保经济活动的有效运行。

对社会经济活动实行经济监督，有其客观的必要性。这种必要性可以主要从生产力和生产关系两个方面来考察。在我国市场经济发展的现阶段，要保持正常经济活动的进行，仍需要进行经济监督。因为，我国目前还存在着多种所有制形式，而不同的所有制经济组织之间，必然存在着不同的经济利益；在分配方面，我国贯彻的是"各尽所能，按劳分配"的原则；从我国的现实情况看，在发展社会主义市场经济的整个过程中，还会有各种破坏社会主义经济秩序的违法犯罪活动发生，等等。

经济监督的内容是多方面的，就当前我国的实际情况来看，经济监督的主要内容有计划监督、财政监督、银行监督、工商行政监督、质量监督、安全监督、财务监督、审计监督等。

经济监督的实施过程中需要注意以下问题：要加强经济监督的组织建设、制度建设和思想建设；要严格按照经济监督的过程进行监督；要在经济监督过程中，搞好计划、核算、分析和检查四个环节。

6. 激励职能

激励职能，就是管理者运用各种刺激手段，唤起人的需要，激发人的动机，调动人的内在积极因素，使其将储存的潜能发挥出来的管理活动。

激励职能的特点：作用的普遍性和持续性、变化性和差异性、不可测定性。激励职能的类型有：目标激励、奖罚激励、支持激励、关怀激励、榜样激励。激励理论主要有：ERG理论、期望理论、公平理论。

(二) 要正确定位政府在经济活动中的地位

在以市场经济为主要资源配置方式的社会经济中,政府的重要责任是以弥补市场失灵而确定的配置、稳定和分配等的责任。政府的资源配置职责是由政府介入或干预所产生的。它的特点和作用,是通过本身的收支活动,为政府供给公共产品提供财力,引导资源的流向,弥补市场失灵的缺陷,最终实现社会资源的最优效率状态。政府的宏观调控与市场调节都是调节经济的手段。在一般情况下,社会主义市场经济体系中是以市场调节为主,国家宏观调控为辅的。国家的宏观调控,是为了弥补市场调节的不足。政府对经济的干预不是调节经济的唯一手段。但是,在市场失灵的情况下,政府宏观调控的作用就处于主导地位。因为,有些在市场经济运行中出现的问题,如市场垄断等,是不可能凭借市场调节就能解决的。要使市场正常运转,就必须要有政府的干预,此时,政府就要发挥国家对市场经济的宏观调控作用。政府宏观调控的手段主要有经济手段、法律手段和必要的行政手段。在市场失灵的情况下,要综合运用政府宏观调控的各项手段,稳定经济,促进经济的发展。正确定位政府在经济活动中的地位,是政府对经济管理"有所为,有所不为"的必要条件。

(三) 完善监督制度,发挥行政体系内部的监督和行政体系外部的监督作用

通过监督,可以及时反映政府"越位"或"错位"等行为,使相关部门能早发现、早纠正。通过完善监督制度,可以使政府相关部门在干预经济时始终保持警惕心理,牢牢把握其经济管理的权限,在经济发展过程中,把该管的管好,不该管的就不要管,避免造成政府干预经济发展过多的局面;同时,也能促使政府工作人员提高工作效率,在处理经济问题时保持高效。这是政府在经济管理时做到"有所为,有所不为"的重要保证。

(四) 政府在进行宏观调控时要抓好软硬两个环境的优化

一方面,抓好行政环境建设。通过建设良好的服务环境、法制环境、市场环境、政策环境、社会诚信度等软环境,着力营造"亲商、安商、尊商、富商"氛围。为行政相对人提供满意的服务是党的宗旨决定的,是参与全球经济竞争和市场经济发展的客观需要。随着改革开放的深入、民主建设进程的加快,行政相对人的民主意识、法制意识、竞争意识和参政意识不断增强,对政府提供公共产品的要求也越来越高。政府要切实负担起治安、教育、交通、国防外交、医疗、环保、民政社保等公共服务职责,保证为行政相对人提供全程配套到位的服务。要提高政府办事效率,搞好勤政廉政建设,做到不批条子,不认条子,一切按规矩去办,提高办事透明度,反对权钱交易,以良好的形象树立县级政府领导经济建设的权威。政府的实体管理和程序管理都必须公开、透明,特别是与人民群众利

益密切相关的行政事项，除涉及国本、国家机密、经济安全和社会稳定的以外，都应向社会公开，给行政相对人以更多的知情权和监督权，增强透明度和公众参与度。特别是要加强政策法规的透明度，包括对政策法规的宣传力度，并建立统一有效的政策信息网络，做到政策法规信息的及时发布、及时宣传、及时更新等。行政管理的手段要以便捷、多元化为标准，充分利用现代科技和联络方式，如邮寄、电话、传真、网络等，实现具体行政行为，如行政审批、许可、确认、给付的管理高效。在行政审批制度改革中，要遵循低成本、高效率的原则，把多级审批改为一级审批，把多部门分别审批改为整体联动审批，把数次审批改为一次审批，并提供规范的标准化流程。

另一方面，要抓好基础设施硬环境的改善。本着"规划超前、布局合理、功能完善"的原则，加快城区建设，提升城市品位，完善城市功能，增强对外吸引力。搞好水、电、路和通信等基础设施建设，高标准、高起点地建设行政区、文体活动区、商住区、工业区、商贸区，把县城建设成一个具有现代气息的新型城市，为招商引资创造良好条件。这是政府在经济管理中发挥高效能的重要途径。

二、经济管理的内容

管理经济学是应用经济学的一个分支，管理经济学为经营决策提供了一种系统而又有逻辑的分析方法。这些经营决策关注于既影响日常决策，又影响长期计划决策的经济力，是微观经济学在管理实践中的应用，是沟通经济学理论与企业管理决策的桥梁。它为企业决策和管理提供分析工具和方法，其理论主要围绕需求、生产、成本、市场等几个因素而提出。

（一）对人力的管理

人力资源的概念：人力资源有狭义和广义之分。从狭义上讲，人力资源是指一个国家或地区在一定时期内所拥有的处在劳动年龄阶段、具有劳动能力的人口。从广义上讲，人力资源是指一个国家或地区在一定时期内客观上存在的人口，包括在该时期内有劳动能力和无劳动能力的人口。研究人力资源，要防止表面化和简单化，要对人力资源进行全面的动态的研究。

人力资源的特点：能动性和创造性；时效性和连续性；动态性和消费性；再生性和适度性。

我国搞好人力资源开发与管理工作应采取的措施：实行计划生育，为人力资源开发创造良好的先决条件；发展教育事业，提高人口质量；广开就业门路，以创业带动就业，发挥人力资源潜力；建立人力资源开发的市场机制，达到人尽其才；挖掘企业劳动者潜力，充分调动其生产积极性。

现代人力资源管理的基本原理：

1、同素异构原理：即总体组织系统的调控机制。同素异构原理一般是指事物的成分，因在空间组合关系和方式的不同，即在结构形式和排列次序上的不同，会产生不同的结果，引起不同的变化。例如，在群体成员的组合上，同样数量和素质的一群人，由于排列组合不同而产生不同的效应；在生产过程中，同样人数和素质的劳动力因组合方式不同，其劳动效率高低也不同。同素异构是化学中的一个重要原理，最典型的例子就是金刚石与石墨，其构成均是同样数量的碳原子，但由于碳原子之间在空间上的排列方式与组合关系的不同，形成了在物理性质上极为反差的两种物质：金刚石坚硬无比，而石墨却十分柔软，而且在色泽与导电等方面两者也迥然不同。金刚石与石墨两种元素结构图，就足以证明企业人力资源管理同素异构原理的科学性与现实性。在组织中，同样一群人由于领导者与被领导者组合排列方式上的差别，会产生不同的结果。在现实活动中，可以列举出大量此类案例。由此可以说明，构建完善组织系统的动态调节机制的重要意义。根据这一原理，企业必须建立有效的组织人事调控机制，根据企业生产经营的需要，重视组织内部各种信息的传递和反馈，不断地对组织与人员结构方式进行调整，以保证系统的正常运行。

2、能位匹配原理：即人员招聘、选拔与任用机制。能位匹配原理是指根据岗位的要求和员工的能力，将员工安排到相应的工作岗位上，保证岗位要求与员工的实际能力相一致、相对应。"能"是指人的能力、才能，"位"是指工作岗位、职位，"匹配"是一致性与对称性。企业员工聪明才智发挥得如何，员工的工作效率和成果如何，都与人员使用上的能位适合度成函数关系。能位适合度是人员的"能"与所在其"位"的配置程度。能位适合度越高，说明能位匹配越合理、越适当，即位得其人、人适其位、适才适所，这不但会带来高效率，还会促进员工能力的提高和发展，反之亦然。根据这一原理，企业必须建立起以工作岗位分析与评价制度为基础，运用人员素质测评技术等科学方法甄选人才的招聘、选拔、任用机制，从根本上提高能位适合度，使企业人力资源得到充分开发和利用。

3、互补增值、协调优化原理：即员工配置运行与调节机制。互补增值、协调优化原理是充分发挥每个员工的特长，采用协调与优化的方法，扬长避短，聚集团体的优势，实现人力、物力和财力的合理配置。人作为个体，不可能十全十美。而作为群体，则可以通过相互结合、取长补短，组合成最佳的结构，更好地发挥集体力量，实现个体不能达到的目标。在贯彻互补原则时，我们还应当特别注意主客观因素之间的协调与优化。所谓协调，就是要保证群体结构与工作目标相协调，与企业总任务相协调，与生产技术装备、劳动条件和内外部生产环境相协调；所谓优化，就是经过比较分析，选择最优结合方案。互补的形式是多层次、多样化的，如个性互补、体力互补、年龄互补、知识互补、技能互补、组织才干互补、主客观环境和条件互补等。

4、效率优先、激励强化原理：即员工酬劳与激励机制。效率优先、激励强化原理是指将提高效率放在首要位置，通过有效激励，使员工明辨是非，认清工作的目标和方向，从而保持持续不竭的内在动力。企业中一切工作都要以提高效率为中心，时时处处将提高效率放在第一位，各级主管应当充分有效地运用各种激励手段，对员工的劳动行为实现有效激励。例如，对员工要有奖有惩、赏罚分明，才能保证各项制度的贯彻实施，才能使每个员工自觉遵守劳动纪律，严守岗位，各司其职，各尽其力。如果干与不干、干好与干坏都一样，那么就不利于鼓励先进、鞭策后进、带动中间，把企业的各项工作搞好。为此，要通过企业文化的塑造，特别是企业精神的培育，教育和感化员工，以提高组织的凝聚力和员工的向心力；要通过及时的信息沟通和传递以及系统的培训，使员工掌握更丰富的信息和技能，促进员工观念上、知识上的转变和更新。

5、公平竞争、相互促进原理：即员工竞争与约束机制。公平竞争、相互促进原理是在企业的人事活动中坚持"三公"原则，即待人处事、一切人事管理活动都必须坚持"公正、公平、公开"的原则。提倡起点相同、规则相同、标准相同，考评公正、奖惩公平、政务公开，采取比赛、竞争的手段，积极开展"比、学、赶、帮、超"活动，激发员工的斗志，鼓舞员工的士气，营造良好的氛围，调动员工的积极性、主动性和创造性。在企业中，为了促进生产任务的完成，应当提倡员工相互比赛、相互竞争。在社会主义市场经济条件下，企业要为全体员工搭建一个体现"三公"原则的大舞台，将绝大多数员工吸引到这个"效率优先、平等竞争"的舞台上，使他们能够大显身手，施展本领，发挥自己的才能。在企业中，应创造一切条件鼓励员工在生产产量、质量、技术操作等方面相互比赛、相互竞争，使员工创造力在竞争中得到充分开发和利用。

6、动态优势原理：即员工培训开发、绩效考评与人事调整机制。动态优势原理是指在动态中用好人、管好人，充分利用和开发员工的潜能和聪明才智。在工作活动中，员工与岗位的适合度是相对的，不适合、不匹配是绝对的。因此，应当注重员工的绩效考评和员工潜能、才智的开发，始终保持人才竞争的优势。社会一切事物和现象都是处于变动之中的，企业的员工也处于变动之中，"流水不腐，户枢不蠹"，从优化组织的角度看，企业员工要有上才有下、有升有降、有进有出、不断调整、合理流动，才能充分发挥每个员工的潜力、优势和长处，使企业和员工个人都受益。

（二）对财力的管理

财力及其运动：财力是指在一定时期内的一个国家或地区所拥有的社会总产品的货币表现。财力的运动过程可以概括为：财力的开发（生财）、财力的集聚（聚财）和财力的分配使用（用财）三个环节。财力运动的这三个基本环节，相互联系，相互制约，相互促进。生财是运动的起点和归宿，是聚财和用财的前提；聚财是运动的中间环节，是生财和用财的制约因素；用财是为了生财，用财和生财互为目的。

财力的集聚与使用：财力集聚的对象，就是国内社会总产品的价值和国外资金市场中的游资，其中国内社会总产品价值中"M"部分是国家财力集聚的重要对象。财力集聚的主要渠道有财政集资、金融机构集资和利用外资。在我国目前的市场经济发展中，除了搞好财政集资外，尤其应该重视金融机构集资和利用外资。财政集资的主要特点是强制性和无偿性，金融集资的主要特点是有偿性和周转性。财力使用应坚持的原则：统筹兼顾，全面安排；集中资金，保证重点；量力而行，留有余地；搞好财力平衡。

（三）对物力的管理

物力的概念和物力管理的内容：物力是能够满足人类生产、生活需要的物质的总称，包括物质资料和自然资源两大部分。物力管理的内容有两方面：一是物力的开发、供应和利用；二是自然资源的保护。

物力管理的基本任务：遵循自然规律和经济规律，按照建设资源节约型、环境友好型社会的要求，结合经济发展和人民生活的需要，开发、供应、利用和保护好物力资源，形成节约能源资源和保护环境的增长方式、消费模式，以合理地、永续地利用物力，促进经济和社会事业的不断发展，推动人类文明和进步。

对自然资源开发利用与管理工作的要求：根据国家主体功能区的划分，制定自然资源开发利用与管理规划；按照可持续发展要求，适度开发利用；发展循环经济，综合利用资源，提高资源利用效率；建设生态文明，有效保护自然资源，搞好环境保护工作。

（四）对科学技术的管理

科学技术的概念：科学是人类实践经验的概括和总结，是关于自然、社会和思维发展的知识体系。技术是人类利用科学知识改造自然的物质手段和精神手段的总和，它一般表现为各种不同的生产手段、工艺方法和操作技能，以及体现这些方法和技能的其他物质设施。

科学技术管理的主要内容：制定科学技术发展规划，着力突破制约经济社会发展的关键技术；组织科技协作与科技攻关，积极推广应用科研成果；注重提高自主创新能力，抓好技术改造与技术引进；加强创新型科技人才队伍建设。

（五）对时间资源的管理

时间资源的特性：时间是一切运动着的物质的一种存在形式。时间资源具有不可逆性；具有供给的刚性和不可替代性；具有均等性和不平衡性；具有无限性和瞬间性。

时间资源管理的内容：时间资源的管理，是指在同样时间消耗的情况下，为提高时间利用率和有效性而进行的一系列控制工作。时间资源管理的内容，概括地说，包括对生产时间（即从生产资料和劳动力投入生产领域到产品完成的时间）的管理和对流通时间（即产品在流通领域停留的时间）的管理。

时间资源管理的基本途径：规定明确的经济活动目标，以目标限制时间的使用；制订详细的计划，严格控制时间的使用；优化工作程序，提高工作效率，充分挖掘时间潜力；保持生产、生活的整体统筹，合理安排休息和娱乐时间。

（六）对经济信息的管理

经济信息的概念与特征：经济信息是指反映经济活动特征及其发展变化情况的各种消息、情报、资料的统称。经济信息的特征：社会性、有效性、连续性和流动性。

经济信息的分类，按照经济信息的来源，可以分为原始信息和加工信息；按照经济信息所反映的内容，可以分为内部信息与外部信息，又分为有关过去的信息和有关未来的信息；按照经济信息取得的方式，可以分为常规性信息和偶然性信息。

经济信息管理的基本程序和要求：经济信息管理的基本程序为广泛收集、认真加工、及时传递、分类储存。经济信息管理的要求是准确、及时、适用。

三、经济管理的方法

组织的经济管理和行政管理方法本身有其自身特点，组织具有综合效应，这种综合效应是组织中的成员共同作用的结果。组织管理就是通过建立组织结构，规定职务或职位，明确责权关系，以使组织中的成员互相协作配合、共同劳动，有效实现组织目标的过程。

（一）经济方法

经济方法的含义及特点。经济方法是指依靠经济组织，运用经济手段，按照客观经济规律的要求，来组织和管理经济活动的一种方法。正确理解经济方法的含义，需要把握以下要点：经济方法的前提是按客观经济规律办事；经济方法的实质和核心是贯彻物质利益原则；经济方法的基础是搞好经济核算；经济方法的具体运用，主要依靠各种经济杠杆；运用经济方法，主要依靠经济组织。经济方法的特点是利益诱导性或引导性、平等性、有偿性，作用范围广，有效性强。

经济方法的科学运用。经济方法的科学运用，在很大程度上也就是经济杠杆的科学运用。为了科学有效地运用各种经济杠杆，加强对经济活动的管理，要注意解决好以下几个重要问题：必须充分认识和认真研究各种经济杠杆的不同作用领域和具体调节目标。税收杠杆的调节触角可以深入到社会经济生活的各个方面，实现多种调节目标；信贷杠杆是在资金分配过程中发挥作用的，其调节目标从宏观上看可以促进社会总需求与总供给的平衡，从微观上看可以促进企业发展，减少资金占用，加速资金周转，提高生产经营活动的经济效益等等。必须使各种经济杠杆有机地结合起来配套运用。要注重科学地选择经济杠杆和掌握经济杠杆的运用时机与限度。

（二）法律方法

法律方法的含义及特点。经济管理的法律方法，是指依靠国家政权的力量，通过经济立法和经济司法的形式来管理经济活动一种手段。法律方法的特点：权威性、强制性、规范性、稳定性。

经济管理中使用法律方法的必要性。法律方法是国家管理和领导经济活动的重要工具，在经济管理中之所以要使用法律方法，从根本上说，是为了保证整个社会经济活动的内在统一，保证各种社会经济活动朝着同一方向和统一的范围内进行，落实依法治国基本方略。具体来讲，为了保护、巩固和发展以公有制为主体的多种经济成分的合法利益；为了保证国家经济建设方针政策的贯彻执行，保证社会经济发展计划的实现；为了推动科学技术的发展，保证科技成果的有效应用；为了推动和发展我国对外经济关系，加强国家间的经济技术合作；为了维护经济秩序，保证经济体制改革的顺利进行。

（三）行政方法

行政方法的含义及特点。经济管理的行政方法，是指依靠行政组织，运用行政手段，按照行政方式来管理经济活动的一种方法。行政方法的特点：强制性、直接性、无偿性、单一性、时效性。

行政方法的作用和局限性。行政方法的作用表现在：科学的行政方法是动员广大劳动群众和经济组织完成统一任务的重要手段；科学的行政方法，有利于国家从宏观上控制国民经济的发展方向和发展过程；科学的行政方法，有助于完善社会主义市场体系。行政方法的局限性表现在：容易造成经济活动的动力不足；容易割断经济的内在联系；容易造成无偿调拨、无偿供应、无偿支付的现象。

行政方法的科学运用。深入调查研究，一切从实际出发，把行政方法建立在符合客观经济规律的基础之上；要严格规定各级组织和领导人的职责和权力范围，正确处理各级组织的关系；要精简机构，建立健全行政工作责任制，提高办事效率；要依靠群众，发扬民主，一切从人民群众的利益出发。

（四）建立合理的经济管理组织的基本原则

合理的经济管理组织是管理者履行各种管理职能，顺利开展各项管理活动的必要前提条件。建立合理的经济管理组织应坚持的基本原则：坚持有效性原则，即管理组织结构的建立，包括它的结构形态、机构设置和人员配备等，都必须讲效果、讲效率；坚持权力与责任相对称的原则，即各级经济管理机构和管理人员，根据所管辖范围和工作任务，在管理经济活动方面，都应拥有一定的职权，与此相对应，还要规定相应的责任；坚持管理层级及幅度适当的原则，一般来说，管理层级与管理幅度呈反比例关系，即幅度宽对应层较少，幅度窄则对应层较多；坚持统一领导、分级管理的原则；坚持稳定性和适应性相结合的原则；坚持执行与监督的分设原则。

第四节 经济管理者的素质和培养使用

所有直接参与经济管理活动的人员都可称为经济管理者。经济管理者应具备的基本素质，主要有五个方面的内容，即思想素质、知识素质、心理素质、业务素质和身体素质。根据我国的实际情况，培养经济管理者应从以下几方面考虑：努力发展教育事业，为经济管理者的培养打下良好的基础；动员社会各方面的力量培养经济管理者；从我国实际出发，在实践中培养经济管理者。选拔经济管理者，是正确使用经济管理者的前提，能否选拔出合格的经济管理者，关系着一个国家、部门和企业经济发展的成败。选拔经济管理者，要坚持正确的选拔标准；破除论资排辈观念，不论文凭论才能。经济管理者的培养、选拔和使用，是一个有机的整体，三者缺一不可，培养和选拔是手段，只有使用才是目的。使用经济管理者应做到：知人善任；拟唯贤；大胆使用；追踪考评。作为新经济核心的创新，不仅包括技术创新、观念创新、制度创新、组织创新和营销创新等方面的内容，更重要的还应该有企业经营管理者的创新。

新经济时代必须有众多的新型经济管理人才，只有全面树立新观念、掌握新知识、运用新方法，才能提高我们企业的整体素质，从而面对新经济和日益复杂多变的全球化竞争的挑战。

管理者的创新意识：新经济是以高科技为主导，以网络和信息为主要载体的经济。它与传统经济的主要差别是，知识在经济发展中的作用大大增强，科技成果产业化、市场化的速度加快，传统产业必须运用高新技术的成果进行技术改造，提高效率，开发新产品，提高产品质量。

管理者的人格魅力：电子商务、网络经济给企业带来了新的运作模式，通过电子化管理和技术，企业各个部门、企业与上下家的合作伙伴，不再是条块分割、各自为政，而是形成了环环相扣的链条。这种新的运作模式对业务员、业务经理提出了更高的要求，如在谈判中必须确信自己的观点清晰、准确、有效；自信靠自己的交际能力和技巧能够战胜对手等，只有具备这样的心理素质和人格魅力，才能展现有别于他人的风采，才会给对手传递一种感知感觉的信息。人在感官上的互相交流是十分重要而又极其微妙的。

同样，新型经济管理人才作为企业领导者，无论是从企业员工队伍的管理、从目标设定到业绩考核，还是从激励措施到行为规范，都必须贯穿独特的、充分展示自己人格魅力的领导方法和手段。只有这样才能将全体员工凝聚在一起，共同为提高自己企业的产品实力和服务质量奉献光和热。

新经济时代要求每一位企业领导和全体职工，都要具有不断学习的精神，只有不断地更新自己的知识，才能完成企业整体知识、素质的动态积累。一个合格的新型经济管理人才，应思考利用EC整合自己的知识和经验，将点织成线，连成面，并立体化，将分散的知识系统化，从而在复杂的经济环境和激烈的市场竞争中解决众多难题。

管理者的团队精神：从无数著名企业的成败案例中，我们可以发现这样一个真理，即在新经济条件下，企业管理者必须发扬团队精神，群策群力，才能众人拾柴火焰高。管理是一门科学。新经济时代的企业管理者更需要在打破传统企业的管理模式下，创造自己全新的能够解决各种障碍与问题的方式方法。这不仅包括管理的基本技能，如策划、授权，领导等，人力资源管理、团队建设，如在运用高科技手段研发产品，占领市场份额的过程中，紧紧依靠企业领导一班人，依靠车间科室、班组的中层干部和骨干力量，充分发扬团队精神，利用大家的智慧。去为企业的发展壮大出力，从而掌握经营现代企业的技巧，认真借鉴和汲取西方现代企业的有益经验，采用他们的管理技术、方法和手段，把自己企业经营管理和竞争能力提高到新水平。

经济管理重在提高企业的竞争实力：新经济是以高科技为主导，网络和信息为主要载体的经济，与传统经济的主要差别是，知识在经济发展中的作用大大增强，科技成果产业化、市场化的速度加快，科技从潜在生产力向现实生产力转化的速度加快，使企业提高竞争实力。调整产业结构，开拓市场。起着相当重要的作用。正如企业家们形象地比喻，科学技术是企业保持健康发展、步入良性循环的"火车头"，而企业的全体员工特别是经营管理者，更像是驾驶火车头的"司机"。企业整体素质的高低，决定着企业的兴衰成败，决定着能否在日趋白热化的国际市场竞争中，始终占有自己的一席之地。因此，新型经济管理人才必须在产品开发和企业计划、咨询、管理、投资、商务谈判、市场营销、客户服务以及网络经营、企业文化等一系列问题上通晓新经济，掌握新知识，努力提高企业的竞争实力，才能满足现代企业发展的需要，把我国企业经营管理和竞争能力提高到新水平。

要全面促进企业的技术创新：在新经济条件下，企业必须面向市场进行研究开发，把市场需求、社会需求特别是广大消费者的需求，作为技术创新的基本出发点。同时，在创新全过程中的各个环节都要贯彻营销观念，即技术创新必须为市场竞争所需要，必须能给企业和市场购买者、广大消费者带来实实在在的利益。

要全面推动营销观念创新：所谓营销观念也就是企业在开发市场营销管理的过程中，在处理企业、顾客和社会三者利益方面所持的各种思想和经营哲学。顾客对企业的取舍会在瞬间完成，决定作用是企业的市场营销绩效，包括市场份额、品牌美誉度、顾客满意度和顾客忠诚度等。企业经营管理者必须清醒地认识到，市场营销是当今商务活动中最重要的事情，因为市场营销以各种各样的方式存在着，包括吸引顾客、使他去放心购买、买得舒心、用的称心，再购买或通过他们的嘴去向其他顾客宣传，形成良性循环。做生意还有比这些更重要的吗？难道企业家还能做没有顾客的生意不成？

要全面实施新型配合资源共享的企业发展战略：国家信息产业部有关专家指出，我国的企业经营管理者认识到新产品的研究开发只是技术和产品成功的一个环节，一个创新技术要真正获得市场意义上的成功和客户的认可，必须将生产市场销售服务这些有机环节通过管理形成一个成功的链接关系，才能保证其真正的成功。因此，企业的发展战略应是新型经济型人才充分调动全体员工的工作热情，实现新型配合、资源共享，从而将其才干、知识、技术得以发挥最大化。

要让用户更实惠、更满意：面对以用户需求为中心的新经济时代的来临，新型经济管理人才必须在充分了解市场需求的前提下，以务实的精神积极为用户提供更实惠、更满意的服务，因为实用、时尚、个性等销售需求，已悄然成为当今时代市场经营的中心点。让用户真正成为交易的最大受益者，将是市场营销活动中一种全新的经营理念。它需要将现代规范化的企业管理理念融于产品之中，根据用户的实际信息应用能力，充分挖掘各种有效的企业管理资源，如在计算机软件的延伸服务方面，根据用户特定的业务应用环境，如相应的网络应用环节、计算机操作平台、业务系统管理、账务系统管理、操作人员素质等多方面因素，为用户提供诸如企业计算机化管理方案、人员培训、技术支持、顾问服务和在线咨询等多种人文化的企业财务业务管理解决方案，最大限度地满足用户的实际应用需求。

新经济时代的到来和发展，突破了传统经济学的若干原理和规律。新经济条件下出现的许多经济现象，用传统经济学难以圆满解释，新经济呼吁着新的经济学的出现，更呼唤着众多的通晓新经济、掌握新知识的新型经济管理人才涌现，肩负起我国各类大中型企业管理的重任，从容面对国际一流竞争对手的挑战，从而进一步加快我国经济现代化的步伐。

第五节　经济管理的效益及评价

经济效益是指经济活动投入和产出的比较。投入是指经济活动中的劳动消耗和劳动占用，产出是指劳动的成果。经济效益的大小，与劳动成果成正比，与劳动消耗和劳动占用成反比。经济效益有三种表示方法：比率表示法、差额表示法、百分率表示法。评价经济效益的依据主要有三个方面，即宏观经济效益、中观经济效益与微观经济效益的统一；近期效益与长期效益的统一；经济效益、社会效益与环境效益的统一。

企业的经营活动都是为了获得经济效益而进行的，经济管理是企业管理制度中的重要一环，采取有效对策对企业经济运行进行管理，能够促进企业的健康发展。在论述企业经营效益的基础上，分析有关改善经济管理的对策，旨在为企业强化自身的管理水平，为实现更高的赢利做好准备。

一、把经济管理当作企业经营管理的中心

加强资金管理：资金管理是企业经济管理最重要的内容，资金经济标准是衡量企业经营水准的重要参数。因此，科学有效地利用资金、减少所用花费、提高资金应用效率、优化资金配置等方式可以加强企业的经济管理，增加其经营效益，为企业能够立足于竞争日益激烈的市场环境提供强大的物质条件。

坚持注重资金运转管理的思想：企业经济管理目标就是策划资金的运转、力求减少所用资金费用、促使资金使用的科学化、增加资金的运转速度，进而提高企业经营效益。把经济管理作为企业管理的核心，并不是将相关的管理部门作为中心，而是企业上下全体员工都应坚持注重资金运转管理的思想，将资金规划作为企业发展的重大决定因素，强调对企业生存发展的重要影响。

定期开展经济预算活动：按时开展有关的经济预算活动是经济管理常用重要的管理措施，这就需要企业在日常经营中能够根据自身的资金情况与实际状况，对企业经济以及所得赢利规划经济管理设计方案，合理做出相关的有效经济预算，为企业中重大发展决策指明方向。

强化收支管理机制：做好经济资金的收支管理工作，企业应仅设置一个基础账户，禁止建立多个账户，分散资源，掩藏资金。企业所有开支以及收入应该共用一个账目，严禁有关部门或者个人对资金进行运转中断操作或者无理由使用资金。企业资金的开支应由负责人来管理审批，其他职工无权进行支配。

做好成本控制：成本控制一直是经济管理的重要内容之一。加强成本费用的控制工作，就是调节各部门间的费用信息，将竞争力很强的产品指标有效拆分，在各个部门中间进行严格贯彻，并设立为全体职工努力达到的目标，采用最先进的技术管理手段力求减少企业经营每个流程所用成本，尽可能地节省资金，增强企业商品的竞争力。

策划经济方案：在经济管理时，相关管理人员要对全年或者未来某一阶段做好对应的经济规划工作，设计资金应用方案，预算经济效益，实施资金管理措施，解决经营中的多重难题，有利于管理经济。

研究经济管理的结果：对经济管理的结果进行深入的分析研究，总结其中的先进经验，找到改进的措施以不断完善经济管理，进而可以达到掌握资金、利用经济、做好预算、固定企业的经济效益的目的，最终促进企业各个方面的发展。

二、增强经济管理的力度，有效提高企业的经营效益

经济管理要与企业日常经营活动相结合：经济管理在企业管理制度中一直占有重要地位，在企业日常经营的各个环节都能体现经济管理的作用。针对经营活动的不足要加强资金预算，科学合理地应用资金对缺陷环节进行补救，保证企业经营的正常运行，有效减缓资金供应的压力。

引起企业资金周转不畅的因素较为复杂，主要有以下几个方面：一是所支持的账目资金一直处于较高的水平；二是相关工作人员经济管理意识不足，在工作时疏忽大意；三是客户拖款欠款现象严重。根据这些因素，应该采取相应的处理对策，如建立专项管理团队，定期开展收回欠款的活动等。经济管理的工作不只是企业财务的经营任务，还需要各个部门提供帮助，从而能够更好地控制成本预算，调整企业产品的价格定位，降低所花费的成本，提高企业经营效益。

做好经济规划，指明投资方向：经济规划在企业经济管理中的作用不言而喻，其对企业的发展方向有着巨大的指导意义。如果经济规划方案不切实际，盲目设计，就可能让企业经营活动陷入泥潭，甚至倒闭。因此，要想做好企业经济规划，为企业谋取利益，企业经营管理人员必须要做到以下几点：

首先，掌握企业资金大体流通规律。要全面了解市场行情，深入调查商品的价值与使用价值波动现象，指明投资方向，调节产品价格范围。不要只顾当今政治和人情世故，冒险地进行投资，以致自酿苦酒，悔恨不已，应当按照客观的市场经济规律，做出翔实的经济规划。

其次，应该进行充分的科学调研，依法经营。经济方案的规划离不开企业实践运营的情况，要实事求是地开展全方位的调查分析，要求做到无漏点、无盲点，充分了解投资一方诚信、资金、管理等多个方面的内容，依法签订投资相关手续文件，切不可留下投资风险。

再次，厘清投资过程，科学民主地进行经济管理。投资的形式不同，其获得的经营效益也有很大的差别。要厘清投资的流程，经相关机构批准之后，方可进行投资理财。

最后，建立风险预警机制。企业投资的最终目标就是为企业带来更多的赢利，所以，企业在规划经济方案时，应该强化对成本费用的控制工作，注意每一个投资细节，尽可能降低投资理财过程中的风险隐患。

强化资金管理，优化经济配置：在日常的企业经营活动中，资金是怎样运转流通的？企业经营中，货币形态的资金流通从预算开始，经收集、生产、完工、

结账环节，再到回收利用，进而以"滚雪球"的形式形成一个良性循环，达到可持续发展的目的，以提高企业的经营效益。

体现经济监督，促使资金增值：建立健全企业法人制度体系，全面体现经济监督管理的影响作用，确保资金能够升值。企业要想在经济市场中站稳脚跟，应该建立健全绩效管理体系，组建一个团结友爱、开拓创新、严肃活泼的领导小组，强化资金使用的监督管理工作，反对腐败，制约相关人员的行为，体现经济监督的重大意义。经济管理人员必须要具备高度的责任感，对违反企业规章制度的行为要严加制止，并及时向上级领导反映，要对整个企业资产管理负责，坚守自己的职业道德，保障职工的合法利益。

科学分配企业赢利，体现杠杆原理：在经济管理中，如何科学合理地对企业所得的赢利进行规划配置，影响着企业多个方面的关系。赢利分配能够体现杠杆作用，它能够有效协调企业各部门的利益，激发全体职工工作的积极性，对企业整体发展有着重要的现实意义。目前，大部分企业都会受到自身经济规划方案的影响，实施"按劳分配"的原则，事实上都是平均分配，但降低了员工的工作积极性，使他们产生得过且过的思想，导致很多国有企业陷入泥潭，经营不善，难以运行。

根据经济管理的内容，企业决策人员可以通过设置分红、股票期权激励、年薪制等形式来改善赢利分配方式，体现杠杆的控制调节作用，使企业各方面保持一个微妙的平衡状态，从而实现科学分配赢利让企业更好更快发展的目的。

要全面体现企业经济管理的引导效果，如果只是依赖相关工作人员对经济成本进行核算、设计资金计划方案来控制支出，还是不能达到增加企业经营效益的目的。因此，建立一个超前、科学、合理、可行以及有效的经济管理体系十分发。企业财务部门应该与其他部门一起分析研究论证，实施管理对策，全面提升企业员工的整体素质，采用先进的计算机信息管理系统进行经济成本分析、资金核算、经济控制、投资规划等，提高经济管理工作效率，同时加强对经管人员各方面的培训工作，最终提高企业的管理水平，增加企业的经营效益，为企业的发展做出贡献。

第二章 企业经济可持续发展

第一节 企业可持续发展概况

企业可持续发展的基本含义,就是既考虑当前发展的需要,又要考虑未来发展的需要,不要以牺牲后代人的利益为代价来满足当代人的利益。作为一种全新的发展观,它是对将发展单纯地理解为经济增长的旧观念的否定,它在时间上体现了当前利益与未来利益的统一,在空间上体现了整体利益与局部利益的统一。它要求实现由数量增长向质量效能的转变,在经济增长方式上体现为由粗放型向集约型转换,由满足当前发展成果的积累向注重持续发展、关注未来发展转变。

一、概述

企业可持续发展战略、是指企业在追求自我生存和持续发展的过程中,既要考虑企业经营目标的实现和提高企业市场地位,又要保持企业在已领先的竞争领域和未来扩张的经营环境中,始终保持持续的盈利增长和能力的提高,保证企业在相当长的时间内长盛不衰。

可持续发展是既要考虑当前发展的需要,又要考虑未来发展的需要;不能以牺牲后期的利益为代价,来换取现在的发展,满足现在利益。同时,可持续发展也包括面对不可预期的环境震荡,而持续保持发展趋势的一种发展观。

企业可持续发展在国际上也获得共识,如全球报告举措,它主要强调信息管理以及投资者、顾客、拥护者、供方和员工之间的持续对话。这一举措施成为连接企业离散和孤立职能的媒介包括金融、市场、研究和开发,以为供应链、规章的沟通以及声誉和品牌管理可能产生纠纷的地区以及不可预计的机会提供了信标、持续发展能力报告帮助管理者增强评估其对自然、人、和社会资本贡献的能力,降低公开商业企业共享价格的可变性和不确定性,并降低其资本费用等。而且可持续发展报告能为企业提供新的机遇并能提高企业的国际竞争力是企业通向国际市场的通行证。

企业战略是企业如何运行的指导思想，它是对处于不断变化的竞争环境之中的企业过去运行及未来运行情况的一种总体表述。

企业可持续发展战略，是指企业在追求自我生存和持续发展的过程中，既要考虑企业经营目标的实现和提高企业市场地位，又要保证企业在已领先的竞争领域和未来扩张的经营环境中始终保持持续的盈利增长和能力的提高，保证企业在相当长的时间内长盛不衰。

二、可持续发展

可持续发展是20世纪80年代随着人们对全球环境与发展问题的广泛讨论而提出的一个全新概念，它是人们对传统发展模式进行长期深刻反思的结晶。1987年，布伦特兰夫人在世界环境与发展委员会的《我们共同的未来》中正式提出了可持续发展的概念，这标志着可持续发展理论的延生。初期的研究重点主要集中于人类社会在经济增长的同时如何适应并满足生态环境的承载能力，以及人口、环境、生态和资源与经济的协调发展方面。之后，这一理论不断地充实完善，形成了自己的研究内容和研究途径。

随着可持续发展的提出，人们对可持续发展的关注越来越密切，逐渐且从环境领域扩展到各个领域中。虽然企业可持续发展理论的诞生比较晚，但发展却相当迅速。随着社会环境的变化，企业面对着变化迅速的环境很难适应。随着众多企业失败现象的出现，如何能让企业保持现状的基础，持续保持良好的发展势头，越来越引起企业的重视。

三、战略类型

企业可持续发展战略非常繁杂，但是众多理论都是从企业内部某一方面的特性来论述的。根据国内外研究者和实际工作者的总结，可以把企业并购区分为以下几种类型：

创新可持续发展战略、文化可持续发展战略、制度可持续发展战略、核心竞争力可持续发展战略、要素可持续发展战略。

（一）创新可持续发展战略

创新可持续发展战略，即企业可持续发展的核心是创新。企业的核心问题是有效益，这不仅要有体制上的保证，而且必须不断创新。只有不断创新的企业，才能保证其效益的持续性，即企业的可持续发展。

（二）文化可持续发展战略

文化可持续发展战略，即企业发展的核心是企业文化。企业面对纷繁变化的内外部环境，企业发展是靠企业文化的主导。

（三）制度可持续发展战略

制度可持续发展战略，是指企业获得可持续发展主要源于企业制度。

（四）核心竞争力可持续发展战略

企业核心竞争力，是指企业区别于其它企业而具有本企业特性的相对竞争能力。而企业核心竞争力可持续发展战略是指企业可持续发展主要是培育企业核心竞争力。

（五）要素可持续发展战略

要素可持续发展战略认为，企业发展取决于以下几种要素：人力、知识、信息、技术、领导、资金、营销。

第二节 企业可持续发展问题探讨

很多情况下，企业的危机来自经营环境的不断变化。进入21世纪，变化成了普遍存在的状态，而且变化毫无规律、难以预测。市场的全球化以及资本经营的出现，打破了行业限制，使得竞争对手的范围扩大了，国际化竞争的市场移到了家门口，竞争的程度更加剧烈，由此造成价格降低，支出增加，效益下降。同时，顾客成为市场的"主宰"，科学、信息技术的广泛运用，使以前不可能实现的事情都变为可能。

面对着环境的种种变化，如果还停留在原来成功的经验基础上，不能有效地解决企业成长出现的问题，因循守旧，观念滞后，人才短缺，体制僵化，基础管理涣散，势必会使企业从成功走向衰败。企业管理者要切记，企业今天的辉煌不等于明天的成功。

一、发展战略是企业可持续发展的动力源泉

我国的许多企业在创立期也就是原始积累阶段，企业规模迅速膨胀，完成了人才、技术、资金、市场的一些初步积累。但在企业的成长期特别是成熟期，管理相对滞后，面临着多种机遇及发展方向的选择，此时企业的发展速度反而下降或停滞。这时候需要制定明确的企业发展战略和发展目标，才有可能进入企业的持续发展期。

企业在持续发展期应该进行持续的创新，培养可持续发展的竞争能力，也要

不断地修正前进的航向,以适应市场发展的需要。此外,还要重新明确企业宗旨与核心价值观等重大发展任务。

制定发展战略是中国企业为适应市场成熟化的必然选择。因为竞争对手持续进步,每天都在进步,每天都有新的竞争者进入,这就给我们带来了很大的压力,不进则退。同时,潜在的竞争对手和潜在的替代品也会不断出现,而且更新的周期也越来越短,市场也进一步规范。以前可能靠一两张条子、一两个政策机会就能赚钱,但以后这种赚钱的机会就少了。同时,顾客的消费行为也越来越理性化。一个企业要获得竞争优势,可以有两种基本的战略选择:一是提供更低的认知价格,二是提供更高的认知价值。具体应该采取何种战略,还必须依据企业拥有的资源和能力为依据,而且要把战略和能力有效地结合起来。

制定发展战略时,企业需要在对企业未来发展环境的分析和预测基础上,为企业设定总体的战略目标,企业的一切目标和行动都服从于或服务于这个战略目标。企业的战略目标应该是一个宏伟的远景目标,这是支持企业发展的首要因素。宏伟的远景目标对企业能化为压力和动力,使企业的领导不满足于现状,从而确保企业不断地发展。同时,它还能起到鼓舞凝聚人心、吸引人才、激发活力的作用,使员工觉得前景广阔。因为,一名高素质的员工不愿意在一个没有希望、前途和美好前景的公司工作。给人以美梦,这是最激励人的手段。善于设定胆大超前的目标,也是那些百年企业长寿的秘诀之一。

公司远景目标的三要素:首先,要针对未来,即任何一个战略远景目标都要基于对未来环境的判断,也就是对国家宏观环境——如产业政策,以及微观环境——如竞争环境的展望。其次,要考虑清楚公司将参加的业务范围、地理范围、竞争对手以及竞争优势。最后,就是公司整体战略。这是非常重要的,公司制定整体战略是为了增加可持续发展能力。企业的发展战略应包括近期和长期规划,这样才构成一个完整的远景目标。

建立在对环境彻底分析基础上的公司整体战略,能够对企业外部环境的变化表现出应变性。成功的企业都有较强的适应环境变化的能力,这些能力是企业对市场信号显示的反应。因此,有人在界定长寿公司时指出:"对周围环境的敏感代表了公司创新与适应的能力,这是长寿公司最关键的成功要素之一"。这一点也是非常重要的。

二、创新是企业可持续发展的核心

企业的核心问题是有效益,而产生效益不仅要有体制上的保证,而且必须不断创新。只有不断创新的企业,才能保证其效益的持续性,实现企业的可持续发展。伴随着知识经济时代的不断发展,知识创新、技术创新、管理创新、市场创新等已成为企业发展的动力。没有创新,企业就无法在竞争中取得优势,也无法保持企业发展的能力。所以，企业可持续发展，重点强调的是发展而不是增长。无论是企业的生产规模还是企业的市场规模，都存在着一个增长的有限性。增长是一个量的变化，发展是一个质的变化。一个企业不一定变得更大，但一定要变得更好。企业可持续发展，追求的是企业竞争能力的提高、不断地创新，而不只是一般意义上的生存。

企业创新是全方位的创新，但其核心是观念创新。观念创新是按照新的外部环境调整价值尺度、思维方式、行为方式和感情方式等诸多方面的文化心理，创新意识的建立是一种否定自我、超越自我的过程。这是企业创新的先导。观念创新中首先是价值观念的创新。价值观念主要是指企业经营的价值观念，包括消费者价值观、利润价值观和社会价值观等。价值观念的创新是指要随着形势的发展而不断改变自己的价值观。观念的创新决定着决策的创新、管理的创新，决定着企业行为的创新。所以创新应该反映在企业的各个方面，包括技术创新、管理创新、体制创新、经营创新等等。所有这些创新都会在企业的经营活动中反映出来，并最终会落实在企业的产品创新上。

三、竞争优势是企业可持续发展的保障

企业可持续发展与社会、生态系统可持续发展的确存在显著不同，社会、生态可持续发展要实现的是一种平衡，而企业可持续发展要实现的是在非平衡中求得竞争的优势。企业可持续发展的过程中，必须不断地提高自身的竞争能力和水平，才能实现永续发展目标。

在市场经济条件下，同一种产品的生产与销售通常是由多家企业完成的。企业面对的是竞争性的市场，所以首先需要分析企业已经形成的核心能力及其利用情况。在竞争市场上，企业为了使自己的产品不断扩大市场占有份额，必须形成并充分利用某种或某些竞争优势。竞争优势是竞争性市场中企业绩效的核心，是企业相对于竞争对手而言难以甚至无法模仿的某种特点。由于形成和利用竞争优势的目的是不断争取更多的市场用户，因此，企业在经营上的这种特点必须对用户是有意义的：竞争优势归根结底产生于企业为客户所能创造的价值。

怎么才能形成企业的某种竞争优势呢？管理学家认为取决于企业的核心能力。所谓核心能力是组织中的积累性学识，特别是关于如何协调不同的生产技能和有机结合多种技术流派的学识。这种能力不局限于个别产品，而是对一系列产品或服务的竞争优势都有促进作用。从这个意义上说，核心能力不仅超越任何产品或服务，而且有可能超越公司内任何业务部门。核心能力的生命力要比任何产品或服务都长。

由于核心能力可以促进一系列产品或服务的竞争优势，所以能否建立比竞争对手领先的核心能力，会对企业的长期发展产生根本性的影响。只有建立并维护

核心能力，才能保证公司的长期存续。因为核心能力是未来产品开发的源泉，是竞争能力的根。

所以说，利润重要，市场份额更重要；市场份额重要，竞争优势更重要；竞争优势重要，企业核心能力更重要。有了企业核心能力才能创造竞争优势的可持续发展，有了竞争优势的可持续发展才能扩大市场份额，才能使企业基业长青。因此，企业核心能力是竞争优势、市场份额和企业利润的真正来源。

如果企业所处的环境基本保持不变或相对稳定，那么，企业只要选择或进入富有市场吸引力的产业，并且具备战略资源、核心能力、企业战略能力、企业家能力和优秀的企业文化，以及相对于竞争者来说，更富效率的内在要素，以占据有利的市场地位，就可以创造企业的持续竞争优势。然而，我们现在所处的环境，由于各种因素的作用和变化而处于不断的变动之中，甚至可以说已经达到动态或剧变的程度。环境的动态化严重削弱了企业经营决策与行为可能性预见的基础。由此导致企业的每一种既定形式的竞争优势都不可能长久地维持，最终都将消散，只是时间的长短不同而已。所以，在动态的环境中，企业要想够获得持续竞争优势，就不能只是凭借其战略资源、核心能力等被动地适应环境，而是能够深刻预见或洞察环境的变化并迅速地做出相应反应。通过持续性创新，不断超越自己的，从其既有的竞争优势迅速地转换到新的竞争优势中，超过竞争对手的企业，才能获得基于其整体发展的持续竞争优势。也就是说，企业持续竞争优势源自持续性的创新。

四、企业文化是企业可持续发展的内因

企业文化作为企业发展战略或企业家能力发展过程中的一种力量或动力，随着知识经济的发展，它对企业兴衰将发挥着越来越重要的作用，甚至是关键性的作用。一个企业在产品质量达到一定水平时，对产品的市场地位和由地位决定的价位，以及产品的市场销售量的，仍然是产品自身的文化内涵。经济活动往往是经济与文化一体化的运作，经济的发展比任何时候都需要文化的支持。任何一家企业想要成功，都必须充分认识到企业文化的必要性和不可估量的巨大作用。在市场竞争中，企业要依靠文化来带动生产力，从而提高自身的竞争力。

一个企业本身特定的管理文化，即企业文化，是当代社会影响企业本身业绩的深层重要原因。企业的生存和发展离不开企业文化的哺育。谁拥有文化优势，谁就拥有竞争优势、效益优势和发展优势。世界500强企业出类拔萃的技术创新、体制创新和管理创新的背后，优秀而独到的企业文化是企业发展壮大，并立于不败之地的沃土。

企业文化是企业员工普遍认同的价值观念和行为准则的总和，这些观念和准则的特点可以通过企业及其员工的日常行为以体表现。文化对企业经营业绩以及

战略发展的影响主要体现在它的三个基本功能上，即导向功能、激励功能以及协调功能。文化的导向功能是指用共同接受的价值观念引导企业员工，特别是企业的战略管理者，自觉地选择符合企业长期利益的决策，并在决策的组织实施过程中自觉地表现出符合企业利益的日常行为；文化的协调功能主要是指在相同的价值观和行为准则的引导下，企业各层次和部门员工选择的行为不仅是符合企业的长期或短期利益的，而且必然是相互协调的；文化的激励功能主要指员工在日常经营活动中，自觉地以企业文化所倡导的价值观念和行为准则要求调整自己的行为。

企业文化的上述功能影响着企业员工，特别是影响着企业高层管理者的战略选择，进而影响着企业战略性资源的选择、企业能力的培养与各种资产、技能、资源与能力的整合。正是由于这种影响，与企业战略制定、资源整合或能力培养过程中需要采用其他工具相比，文化上述作用的实现不仅是高效率的，而且可能是成本最低、持续效果最长的。从这个意义上说，文化是企业竞争优势可持续发展的最为经济的有效手段。

同时我们还要培育良好的企业文化，企业文化简而言之就是企业的人格。良好的企业文化是企业发展战略中不可或缺的素质。因为与战略相适应的核心价值观、与战略相匹配的企业制度准则，都在直接地影响着战略的管理和实施。一个仅拥有传统企业文化、价值观的企业，让它转型为高科技企业，它对高科技企业的人力、资源制度和激励制度等都不能理解，企业文化方面亦是如此。良好的企业文化将会对战略管理起到事半功倍的效果。只有拥有良好的企业文化，才能有效减少人才流失，实现低成本地运作，并创造出很好的效益。

五、强化管理是企业可持续发展的基础

企业内部管理基础要扎实。一个好的企业战略如果没有强有力的企业基础管理作保证，就不可能得到真正的贯彻执行。可想而知，如果企业战略制定了，管理很松散，也就是组织机构得不到保证，那么战略就得不到很好地贯彻执行。海尔集团之所以国际战略、多元化战略实施得非常成功，就在于其基础管理做得非常好。这样它在拓展的过程中，海尔在输出企业理念的时候就能做得很好。如果换一家企业，它也许就不能成功。

对于企业业务流程的重组，应建立与之相适应的组织机构，以改变信息的横向和纵向传输速度慢、管理效率低、决策慢的状况。重构企业的职权体系，明确各个部门和每个岗位的职责、权限，制定各项工作的操作规范，确保员工按规章行事，提高员工的业务素质。建立完善的考核体系和合理的报酬体系，以绩效为目标，使得考核有依据，奖惩有办法，促进员工的成长和企业的进步。

一个企业的可持续发展，不仅要有前期的积累和投入，还要有长远的战略发

展眼光，给自己做清晰一个的定位，此外还要有执着的精神，一步一个脚印地修炼企业内功，最终形成一个创新型企业。

第三节 "新常态"下企业可持续发展战略

经济的可持续发展空间总体上看是有限的，这其中既包含了社会资源，也包括了自然资源（能源、水资源、生态资源）。

一、"新常态"下企业可持续发展战略

在北京APEC期间，习近平主席提出的"中国经济呈现出新常态"涵盖了速度、结构和动力三个方面的特点："从高速增长转为中高速增长""经济结构不断优化升级"和"从要素驱动、投资驱动转向创新驱动"。

增速放缓确实会影响很多企业对规模增长的信心，导致他们更多关注防御策略与风险管理；而结构优化和升级则会加快一批不可持续的行业的洗牌，在可持续发展空间上实现"腾笼换鸟"，给新兴产业带来发展机遇；可持续发展战略恰好可以给"创新驱动"提供一个新的维度。可以预见，在经济"新常态"下，那些具备更强可持续发展能力的企业更有可能崛起，可持续发展战略对商业价值的影响正日益显著。

（一）防御性策略的优势选择

成功的大企业往往拥有数量庞大的利益相关方和深刻的影响力；同时，作为某一领域中的佼佼者，它们的防御策略必然长期占据主导——各种战略都必然服务于维持自身领先地位的任务。在经济"新常态"中，可持续发展可以成为企业的优势防御策略。

一方面，可持续性方面的风险往往会最终转化为企业的商业风险。在增速放缓、结构调整的周期中，这种风险的转化往往会加速。可持续性方面的管理，能为公司内部建立有效的长期商业风险的评估与管理机制。可持续发展战略讲求透明与广泛参与，这也有助于最高决策层与基层的员工、企业供应链以及客户一起协同应对这些风险。

另一方面，公司规模越大、存在时间越久，无形资产在企业价值中的权重越高，企业软实力对企业价值的影响也就越显著。这一点，在通用电气、IBM、可口可乐、沃尔玛等企业身上都得以验证。无形价值依靠企业软实力来支撑。企业在可持续发展方面的能力与作为，也是衡量企业领导力、透明度、知识产权和人力资源等软实力要素的一个评价标准。可持续发展战略很适合为增强内部活力、增加企业价值的新内涵提供具体的指导方向。

可持续发展空间与效率对于企业的"长期价值资产负债表"的影响在增加，大型企业在可持续领域的努力，也越来越多地为实现"防止被颠覆"的目标服务。

（二）"成长"的新支点

目前，人们已经因为生态威胁、环境问题和社会福祉而感到担忧，也越发感受到发展空间的局限。针对这一全社会的"痛点"进行有效创新，是在未来获得高速成长的一个有效路径。我们可以期待在新能源、新材料、新服务模式等领域，出现一批能够极大提升"可持续发展空间利用效率"的新企业。尤其是在借助互联网模式的情况下，未来可持续发展战略的实现，将越来越多地借助互联网手段以及公众参与来完成。即便是初创企业，也可以将一些创新型可持续性项目以众筹的模式进行，这样在实现公众参与的同时，还能实现筹智、筹资、筹力。

商业竞争中，企业竞争基本可以概括为两个维度：成本和差异。

1. 关于成本领先优势

在大部分情况下，环境效率与成本效率都是正相关的——环境效率越高，成本效率越高。

从企业追求成本领先的角度看，可持续发展战略会是对原有"规模效应"法则的一个必要修正。无论是减少企业的环境影响、降低能源消耗强度、增加资源循环利用比例或是提高能源独立水平，都能有效帮助企业应对可变成本上涨的压力。企业在有效降低单位产品的"环境足迹"后，往往会发现其成本竞争力也相应增强了。通过可持续发展报告披露这一努力，与财务报告配合，将会令人信服向投资人和相关方面展示企业在可持续发展领域努力的价值。

2. 关于差异化优势

长期来看，经济可持续发展需要在长期利益和短期价值中实现平衡，仅仅依靠现有模式可能无法解决所有问题。因此，可持续空间的局限会带来新的细分市场，直接推动差异化的创新发展。

市场需求的广泛转变无疑会带来差异化竞争的机会，这在可持续发展空间利用效率上也有所体现。我们看到，无论通用电气、ABB还是施耐德，这些传统电气产业巨头也都在投入更大精力为客户提供更清洁、更高效、更低碳的解决方案，而不再是简单地增加传统优势产品的推广。

可见，可持续发展战略能够"内外兼修"地为企业经营目标服务，从商业角度看，可持续发展正在融入成功企业和高成长性企业的战略之中。

二、企业可持续发展战略实证分析

企业可持续发展，是指企业在追求自我生存和永续发展的过程中，既要考虑企业经营目标的实现和提高企业市场地位，又要保持企业在已领先的竞争领域和未来扩张的经营环境中始终保持持续的盈利增长和能力的提高,保证企业在相当长的时间内长盛不衰。企业可持续发展战略非常繁杂,但是众多理论都是从企业内部某一方面的特性来论述的。比如文化说、要素说、核心竞争力说和制度说等。

(一) 背景

中国政府也非常重视可持续发展的观点,并提出了自己的科学发展观:以人为本,全面、协调、可持续的发展观。把可持续性发展提到了一个非常高的地位。

而企业可持续发展理论的诞生是比较晚,但发展迅速。随着社会环境的变化,企业面对变化迅速的环境很难适应,而且随着众多企业失败现象的出现,如何使企业保持当前状态,而且在未来依然取得良好的发展势头,越来越引起企业的重视。近年来,随着第一批"政策型、暴发型"企业发展的日趋平稳,而且很多企业都成了"流星",现存的公司利润很难再有大的发展,企业发展面临新的"瓶颈"期。中国企业所面临的一个基本问题就是持续性发展问题。从某种意义上讲,这些"流星"企业都是产品成功型企业,也就是凭借企业家的胆略和敏锐,抓住中国经济发展过程中的某个机遇、某个产品、某个项目、某种稀缺资源使企业迅速做大,但这种成功并不等于企业的成功,更谈不上企业的持续成功。而一些目前"如日中天"的企业是否在激荡的环境中仍然保持自己的发展速度,会不会也迎来自己的"滑铁卢"?企业如何使自己获得可持续性的发展,这成了摆在所有企业面前的一大难题。

(二) 思路

为了解决河北省中国石油开然气管道第四工程公司目前存在的一些问题,使得四公司避免发生倒退,保持乃至超越目前状态,实现管道四公司的可持续性发展。主要结合当今理论界的相关的可持续性发展方面的论述以及国内外的企业可持续发展事例,具体联系四公司现状,运用战略管理、人力资源管理、企业文化、市场营销学、员工激励等各方面的理论知识,对当前企业如何实现可持续性发展问题提出看法。

(三) 企业可持续发展论述

1. 企业可持续发展的含义

可持续发展是既要考虑当前发展的需要,又要考虑未来发展的需要;不能以牺牲后期的利益为代价,来换取现在的发展,满足现在利益。同时,可持续发展也包括面对不可预期的环境震荡,而持续保持发展趋势的一种发展观。

企业可持续发展战略是指企业在追求自我生存和永续发展的过程中,既要考虑企业经营目标的实现,提升企业市场地位,又要确保企业在已领先的竞争领域和未来扩张的经营环境中,始终保持持续的盈利增长和能力提升,以保证企业在相当长的时间内长盛不衰。

2. 企业可持续发展的基本表现

企业可持续发展，表现为企业活动若干要素的共同发展。从所有人的角度讲，企业应当持续盈利（或一段时期内总体盈利）；从雇员的角度讲，企业应当保持和扩大雇佣的规模；从供应商的角度讲，企业应当不断提出新的订单；从政府的角度讲，企业应当不断地纳税；而从顾客的角度讲，企业应当持续地供应符合市场数量需求和价格需求的产品。在所有上述表现中，最基本的是企业源源不断地提供适应市场需要和变化的产品。

分析企业某些要素的增长与企业发展之间的关系时，应注意到要素的增长更多表现为数量的变化；而企业的发展更多地表现为整体上转化资源、增加价值的能力的提高。这种能力的提高，既有量的变化，又有质的变化。企业可持续发展，并不要求所有要素实现量的增加。实际上，企业的可持续发展是按照"调整"的方式实现的。在调整过程中，企业的资源、工艺、组织结构等因素的变化，都应当为产品的变化服务。而产品的变化，又是以企业盈利能力的提高、企业的未来利益最大化作为指导的。企业可持续性发展虽然更多地表现为"破坏性"地重组，但是也存在"渐进式"的改革战略，而且这种"渐进式"的战略在目前企业中有其现实的接受性、操作性。

企业可持续发展战略的提出是一个系统性的工程，涉及企业的方方面面。可以说企业可持续性发展战略的实施是一场革命，不管是"破坏性"的还是"渐进式"的，都是企业战略转型的重要形式。企业可持续性发展战略涉及企业发展运行中的各个环节，主要体现在以下两个方面：

（1）外部环境

外部环境又可分为社会环境和任务环境。企业的社会环境是指那些对企业活动没有直接作用而又经常对企业决策产生潜在影响的一些要素，主要包括技术、经济、文化、政治法律等方面。这些方面影响着企业的可持续性发展战略具体确定和实施情况。任务环境是指直接影响企业主要活动或企业主要运行活动影响的要素及权利要求者，如股东、客户、供应商、竞争对手、金融机构等。企业任务环境直接影响到企业可持续性发展战略，如行业发展前景和行业竞争状况将直接影响企业的可持续性发展战略。

（2）内部环境

内部环境包括企业的各项职能，是企业可持续性发展战略制定的基础，包括管理职能、营销职能、理财职能、生产运行职能、研究开发职能等。各种职能相互作用，构成企业可持续性发展的基础和骨架。

3. 企业可持续性发展战略的学术界的观点

可持续发展要求的是企业发展的可持续性，它不仅要求企业目前的发展，同时要求企业未来的发展。因此，企业应建立一种促进可持续性发展的机制，但是不能仅从某一方面来论述企业的可持续性发展,而是要综合考虑各种管理要素和外部环境的综合协调。只有这样,才可能从总体上把握企业的可持续性发展。

从经济学角度而言,企业可持续发展就是要求企业保持利润并不断增长,但是企业获得何种利润,根据现实和自身行业企业特点,有不同的表现和看法,主要表现为追逐垄断利润和超经济收入。本文同意萧灼基先生提出的"现代企业的可持续发展,要追求平均利润和超额利润"观点。

4. 企业可持续发展战略的关键战略要素

一般认为,企业发展包括两层含义:一是"量"的扩大,即经营资源单纯的增加,表现为资产的增值、销售额的增加、盈利的提高、人员的增加等;二是"质"的变革与创新,指经营资源的性质改变、结构的重构、支配主体的革新等,如企业创新能力的增强,对环境适应能力的增强等。即,企业发展不仅表现为企业变得"更大",更重要的是变得"更强""更新"。一般认为,任何一个企业要实现可持续发展,必须具备"项目、环境、管理、机遇"四大因素。实现企业发展是每个企业的唯一使命,实现企业的可持续发展,更是激荡变化环境下的每个企业的追求。

(1) 管理要素

产权制度:企业设立必须有明确的出资者,必须要有法定的资本金。出资者享有企业的产权,企业拥有企业法人财产权。产权关系不明确,产权责任就不明确,产权约束就无法落实,管理的过程中就会出现多头领导的情况,从而导致企业效率的下降。

法人制度:根据《民法通则》规定的法人设立的四个条件依法设立;拥有必要的经费和财产;拥有自己的名称、组织机构和办公场所;能够独立承担民事责任。只有产权关系理顺了,法人财产权的概念搞清楚了,企业该做什么也就明确了。

组织形式:现代企业有多种类型,主要有公司制和合作制企业。公司制的两种主要形式是有限责任公司和股份有限公司。

会计制度:现代企业采用符合国际惯例的中国会计制度,资本金是出资者行使权利和承担责任的物质保障,资本金注入企业后不得抽回,但可依法转让。当国家作为出资者时,其权益的增加体现了国有资产的保值增值。

管理制度:企业的最高权力机构是出资者大会,它选举产生董事和监事。董事会为出资者的代理机构和企业决策机构,它聘请企业经理人员并决定经营管理机构。现代企业制度还包括企业内部的人事、劳动、生产、设备、财务、分配等管理制度。

社会监督机构:现代企业制度不同于传统企业制度之处在于,企业不仅受出资人和政府监管机构的监督,而且受企业客户、中介机构、社会公众和舆论的监督。企业必须在不损害社会整体利益的前提下，追求自身经济效益的最大化。

（2）管理新变化因素

管理决策从经验化到知识化：在产品过剩、资本过剩的时代，对大多数企业来说，制约企业发展的主要因素已经不再是资金和生产能力，而是企业的技术创新和管理能力，是企业技术知识和管理知识对企业的贡献大小。

企业经营虚拟化：为了增强企业的灵活性和应变性，企业将不再贪大求全，而是集中发展具有核心能力的产品、技术和服务，而将其他相关业务外包，进行虚拟经营。

企业组织结构的灵活化：为了降低管理费用，提高管理效率，调动员工的积极性、创造性，企业的组织结构出现前所未有的变化——一方面组织结构从金字塔式变得更加扁平化，另一方面企业部门会根据形式的变化而不断增减。

企业更加注重人力资源的开发和管理：人是企业经营的第一要素，因此人力资源管理成为企业管理的重中之重。它主要集中在企业的薪酬设计、绩效考核、工作分析、素质模型、激励约束、竞争淘汰、招聘引进、培训开发等方面，主要的目的是充分调动员工的积极性、凝聚力和向心力。

企业管理更加多样化：随着科学和技术的发展，学科的重新定义组合，产生了许多新的管理技术，如JIT、FM、CE、SCM、LP、AM等。而且、企业管理以信息流管理为基础，将以上多样化的管理技术进行了综合集成（CIMS）。

财务管理的战略化、集成化：财务管理从静态的核算向动态的、参与经营过程的财务管理方向发展；财务管理从战术性、事物性，向战略性、全局性的经营理财方向发展；财务管理从内部的、独立的职能，向开放的、三流合一的集成管理方向发展；从手工操作、手工分析，向计算机、智能分析方面发展；目的从传统的利润，向企业未来价值的方向发展；事业从国内到国际范围的发展。

管理责任的社会化：主要表现为企业和消费者的"绿色"和环保意识的增强。

（3）环境要素

企业面临的可持续发展困境，实际上是企业如何在政治、自然、经济、技术以及经营五个方面控制污染和利用能源的问题。每一个环境因素都会从可持续发展的角度，对企业的行为形成影响、制约和冲突。

（4）战略的系统性、协调性

可持续发展战略的突出特点是其战略的系统性和协调性。实现企业的可持续性发展不是解决一两个问题，或者全部改变就可以实现的。企业可持续发展战略是指企业在追求自我生存和永续发展的过程中，既要考虑企业经营目标的实现和提高企业市场地位，又要保持企业在已领先的竞争领域和未来扩张的经营环境中始终保持持续的盈利增长和能力的提高，保证企业在相当长的时间内长盛不衰。如何实现企业经营目标和提升自己的竞争力，并保持自己始终赢利的问题，不是一个方面就能解决的,而是靠企业内部、外部相互协调、系统发展的战略组合。

(四) 如何实现企业可持续发展战略

企业可持续发展战略的制定,取决于对企业本身和所处环境的分析,一般采用战略管理普遍采用的SWOT分析方法,利用SWOT方法对企业内部资源和外部环境进行分析,找出企业自身的优势和劣势,找出外部环境对本企业的机会和威胁。通过外部环境和内部资源的分析,找出本企业的独特竞争优势,确定企业目前在行业中的位置,并根据对未来环境的预测变化和本企业的目标战略的结合,消除劣势,发挥优势,利用机会,避免威胁,最终制定出本企业的可持续发展战略。通过SWOT分析,对企业的管理、组织结构、市场营销、人力资源和组织文化进行分析整理,并针对企业外部环境进行综合,找出企业的可持续发展战略。即SH-EMMC理论。

第四节 企业可持续发展与财务

产品和服务溢价能力、成长性、资产管理水平、资本收益、债务能力和品牌形象是企业可持续发展不可或缺的财务要素。在这些财务要素的推动下,只有把握好、控制好、配置和管理好企业的资源,才能实现企业的可持续发展目标。

一、公司溢价能力

当产品和服务有溢价能力时,公司发展才具有可持续性。可持续发展公司有着相同的经营特质:溢价能力高、市场占有率高和品牌知名度高。像可口可乐的差异性和沃尔玛的成本领先,都是溢价能力的杰出代表。在销售成长中,持续稳定的销售毛利率,是衡量公司溢价能力最典型的财务指标。

二、公司成长性

成长性为公司溢价能力提升了话语权,为可持续发展增加了抵御风险的筹码。资产价值是公司经营规模及其多样性的财务表现。拥有亿万资产的公司,也是从小到大发展起来的,经历过无数的经济周期和危机的洗礼,在风雨中成长,在沉伏起落中,把管理做得更加规范,把抵抗风险能力锤炼得更加坚强。经营规模小、投资机会少、抵御风险能力弱;经营规模大、收入来源多,可以减轻公司财务对经济周期的依赖性,度过经济萧条的严冬。资产增长为公司产品服务成长保驾护航,是产品服务增长的必要条件,不是充分条件。尽管资产增长不一定能够带来产品服务增长的可持续性。但如果没有资产增长,产品服务可持续增长就变得不可能。

营业收入可持续增长是公司竞争优势的财务表现。如果没有这次金融危机，格力电器的营业收入将呈现可持续的高速增长。在金融危机下，格力采取了积极的扩张战略，资产增长呈周期性波动，再现了格力电器产能扩张、消化、吸收和利用，避免产能过剩的经营谋略。资产周转率就是这方面的最好印证。净利润是公司投资的"再生能源"，是公司可持续成长的基础。净利润增长是净资产增长的内在动力，增发股票是外在力量。格力净利润增长始终保持在21%以上，即便在金融危机时期，净利润增长也达到了38%，这是格力坚持技术质量和创新取胜，走自主研发道路，不断推出新产品，通过创新提高公司核心竞争力的回报。

三、资产管理水平

在评价流程管理效率方面，资产周转率是综合反映资产利用效率的财务指标，其他资金周转指标只不过反映了局部的资产使用效率。公司在追求高的存货周转率时，很可能导致低的应收账款周转率的出现。"按下葫芦浮起瓢"，各种资产组合效果最终要靠资产周转率担当。在正常经营环境下，资产周转率的波动性是考验公司管理流程稳定性的财务指标。只有稳定的管理流程，公司发展才具有可持续性。

在无数小决策下，公司资源和能力才能得到充分挖掘和利用。在可持续性发展方面，小决策胜于大决策。树大招风，大决策容易被竞争对手识别和模仿，无数小决策及其组合拳是竞争对手难以模仿的，是买不走、学不会、偷不去的。沃尔玛资产周转率始终保持在4次以上，竞争对手顶多只有2次。沃尔玛的大决策昭然若揭，小决策鲜为人知，为沃尔玛可持续发展添砖加瓦。即使有金融危机影响，格力电器的资产周转率仍呈稳步上升的态势，显示出了格力资产管理水平在不断改善和稳步提高，具有可持续发展的特征。

四、公司资本收益

高的净资产收益率为每股收益可持续上升提供了动力。净资产收益率是衡量公司为股东创造财富的指标。其缺点是没有将借入资本与股权资本同等看待，后果是高的净资产收益率可能隐藏着巨大的财务风险。净资产收益率与财务杠杆之间讳莫如深的关系，掩盖了公司真实的获利能力。打通债务资本与股权资本界限，消除资本结构对评价公司盈利能力的影响，要用到资本收益率。资产净利率把不需要付息的流动负债纳入囊中。因为流动负债的波动将直接触发资产净利率的波动，同样模糊了人们对公司盈利能力的评价。从融资角度来看，可持续发展表现为公司能够从资本市场上，不断地筹集发展所需要的资本，保持高的资本收益率是公司可持续融资的市场要求。

五、债务能力

在评价公司债务能力上，资产负债率因忽略无形资产（如品牌）的价值而存在缺陷。就可持续发展财务而言，处于相同的生命周期，同行业的公司资本结构都应具有相似性。只有这样，财务才不会在可持续上给公司发展添乱。衡量公司债务能力比较到位的指标，是已获利息倍数和市值资产负债率。债务能力与公司盈利及其稳定性藕断丝连，已获利息倍数实质上是与盈利相关的财务指标，通过盈利超过利息倍数表达公司债务能力，并通过提高倍数消除盈利波动性影响，维护公司可持续发展形象。市值资产负债率是市场对公司未来盈利预期的结果，隐含地表达了公司无形资产的价值。市值资产负债率低，是资本市场基于公司未来发展对其偿债能力的强力支持，在可持续发展道路上，债务能力至少不会给公司经营添堵。

六、品牌形象

溢价能力与品牌形象相关。品牌形象要么使公司处于市场领先地位，提升市场占有率。要么维持顾客对品牌的忠诚，让顾客支付高价钱，避免恶性价格竞争。品牌形象要靠广告媒介吆喝，要有营销渠道支持。在公司财务上，品牌形象可以通过销售费用与营业收入的对比来表达。将品牌形象从产品服务层面延伸至公司层面，要有可持续研发费用支持和营销战略投入。按照国际现行标准，如果研发费用与营业收入之比，持续低于1%，那企业生存可能面临问题，更不用说可持续发展了。研发费用是衡量企业竞争和发展潜力的指标，企业研发费用一般应占到销售收入的4%~8%，高新技术企业甚至高达15%以上。

第五节 低碳经济下的企业可持续发展

随着全球气候问题日趋严峻，"发展低碳经济，向低碳社会转型"是国际社会为应对全球气候变化而做出的战略选择。在全球节能减排、实行低碳经济的大环境下，如何应对潜在的政策和商业风险，甚至借此创造竞争优势，成为企业高管目前面临的一大挑战。

一、低碳经济下的企业可持续发展

（一）"低碳"是企业在未来持续发展的保证

近年来，企业已经越来越清楚地意识到，如果不尽快采取包括低碳在内的可持续发展战略，那么它在未来所需付出的代价，将高于今天为可持续发展战略所需投入的成本。随着全球有限资源的逐步消耗，企业正在或即将面临来自各利益相关方的压力，要求企业采取实际行动证明它们对其赖以生存的环境和社会负责。总之，可持续发展战略为企业能够顺利在当前环境下运营，并能在未来环境下持续生存与发展提供了保证。

（二）企业碳管理战略需要完善的财务管理支持

越早行动的企业，越能尽早获得竞争优势。在碳经济时代，一个产品要附加上它的碳排放量成本，才是产品最终的成本，因此碳排放量的成本越低，产品自然越有竞争力。因此，建议企业从三方面着手制定碳管理战略。首先，要了解企业目前的碳排放情况，明确管理方向，比如是以提高能效的方式还是以碳交易的形式来减排，如何平衡投入和收益等。其次，是碳排放量的管理，比如确定碳排放测量的界限以及重要排放来源。最后，就是建立一个相对健全的报告系统。这三方面都需要企业完善的财务管理作为支持。

（三）低碳经济下，财务专业人士起重要作用

在针对碳排放的企业结构转型过程中，财务管理人员扮演着对内风险管理和整合数据，对外关注动态和通报信息的重要沟通枢纽角色。此外，"综合报告"目前越来越受到国际关注，被广泛认定为企业报告未来的发展趋势。它需要企业整合并披露所有影响公司未来财务业绩，以及公司风险评级活动的环境、社会及治理因素。财务人员作为报告的撰写者，势必要加深对环境和社会对经济发展影响的了解，才能发挥更好的作用。财务专业人士在评估企业风险、保证碳排放数据的准确性和完整性、平衡成本与效益以及有效支持管理层决策等方面，必将发挥重要作用。

（四）低碳人才也将成为"抢手货"

实施可持续发展战略，需要企业管理层和各级员工的通力合作。与此同时，根据产业及企业的个别情况，战略实施的不同阶段，还需要某些特定的知识和技能。例如，在收集数据查明企业使用碳的过程中，需要结合企业所在行业的特性采取特定的计量方法。目前，具备相关技能的人才明显较为短缺。这意味着，那些能够适应低碳经济发展、及时汲取相关经验和拓展技能的人才，将成为新兴绿色经济体中抢手的人才。

（五）节能减排需要完整系统支持

如果整个市场都能有节能减排的意识，企业就能够通过工业化降低节能成本，提高效率。这不仅要靠公司的努力，更要有一整套的系统支持，有完善的政府参与和能源审计部门参与，这样的节能才是真正有效的。这需要一个过程，但首先我们要有决心和有信心做好节能减排的工作，而企业积极参与的动力之一，就是

这确实能够转化为巨大的收益。

(六) "低碳先行",优化考纲与实践分享并重

关于企业可持续发展的重要性及其对企业管理和战略的影响,ACCA不仅将其纳入资格考试的相关科目中,在后续教育活动中还不断地将企业可持续发展方面的最新动态呈现给ACCA会员,以确保会员相关知识的持续更新。如今年举办的系列可持续发展圆桌会议,目的是希望能提供一个互动的平台,让企业高管,尤其是财务高管,对碳排放和可持续发展为企业带来的影响、风险及机遇。提高认识,交流经验,从而做好准备,投入行动,赢得先机。

二、持续发展战略的生态维度

可持续发展战略的提出,在人类生态伦理观的发展史上具有重要意义。可持续发展战略的生态维度,不仅在于它完成了人类中心主义的生成与解构,而且在于它蕴含着协调、永续发展的生态思想。

面对当今世界全球性的生态危机,国际社会众说纷纭,纷纷提出了各自解决问题的答案。在众多的方案中,可持续发展战略因其思想的深刻性和解决问题的实践可操作性,颇为引人注目。不可否认,可持续发展战略已成为人类社会跨世纪发展的战略抉择。要坚持和落实这一战略,就必须重新审视人类中心主义,在思想观念上对人类重新定位,同时做到与自然相生共容、和谐发展。本文不揣浅陋,试图对可持续发展战略的生态内涵及其维度做出初步的探讨。

(一) 人类中心主义的生成与解构

以往生态伦理学中的人类中心主义,确实有着各种局限性和缺点。但其主要的局限性并不在于它主张以人类的道德关系作为它的对象,不在于它主张以人类为中心,而在于它不能够从人类长远的、根本的、可持续发展的观点和视角来看待生态环境的问题。它对自然中心主义采取辩证的态度,在生态危机日益严重的情况下,提出了环境保护和生态平衡,可谓切中要害,为人类谋福利。它强调动物的解放或权利,凸现出它并没有看到生态问题的症结之所在。生态问题的症结不在于动物和植物有没有权利,而在于人类滥用自然、竭泽而渔的方式损害了文明持续发展的权利。不管是人类中心主义,还是非人类中心主义,无一不违背了恩格斯一百多年前对我们的告诫。我们必须时时记住,我们统治自然界决不能像征服者统治异族人那样,决不能像站在自然界之外的人似的。相反,我们连同我们的肉、血和头脑,都是属于自然界,并存在于自然界之中。我们对自然界的全部统治力量,就在于我们比其他一切生物强,能够认识和正确运用自然规律。

随着时代变迁而发展的人类中心主义,将人类从征服自然的信条下解放出来,这是一大历史性的进步。身处生态危机中的人类反思传统的自然观,经过艰辛的

探索，人类终于对人与自然的关系产生了全新的认识。在此基础上，人类形成了一种新的观点——可持续发展。毋庸置疑，人类应该正视现实。在人与自然的关系上，在人对自然的掠夺过程中，没有谁是胜利者。人类有时虽然暂时会取得一点胜利，但自然会加倍地报复人类。传统的自然观造成了人与自然的对立，并且以人类征服自然的合理性为最高形式，从而导致了人与自然的双向异化，自然被人所分割，人类被自然所左右。

因此，解救人类困境的钥匙在人类自身。人类首先要从思想上转变认识，即把自然当成人类的朋友，建立起人与自然协调发展的新型关系，寻求一个人与自然和谐同处的理想世界，消除人与自然的对立和冲突。人类必须对自然采取全新的态度，这必须建立在协调关系之上，而不是征服关系之上，必须发展一种对自然的新态度，它的基础是同自然协调，而不是征服。

（二）新生态伦理观

可持续发展战略的基本维度"可持续发展"是这样一种观念：既要满足人的需要，又不能以破坏环境为代价；既要满足当代人的需要，又不损害后代人的长远利益。同时，它既强调现实的发展，也注重未来的发展。可持续发展是一种从环境和自然资源角度提出的，关于人类长期发展的战略和模式，它不是一般意义上的一个发展进程不是要在时间上连续运行、不被中断，而是强调环境和自然的长期承载能力对发展进程的重要性，以及发展对改善生活质量的重要性。"可持续发展的概念，从理论上结束了长期以来把发展经济同保护环境与自然相互对立起来的错误观点，并明确指出了他们应当相互联系和互为因果的。人类的发展有赖于自然界的发展，自然界的发展也有赖于人类的发展。它所追求的是促进人类内部的和谐以及人与自然之间的和谐"。我们既可以把可持续发展伦理观看作当代生态伦理学的应用和实践，也可以把它看成是当代生态伦理学的发展。它的最大特点是融合了各个学派的基本点或共同点，并实际应用到了解决人类发展问题上。

第一，我们必须对人与自然关系采取一种整体主义的立场，把人与自然看作相互依存、相互支持的整体即共同体。可持续发展理论所强调的可持续性是建立在自然资源有限性的基础上的，或者说人与自然和谐具体体现在人类发展的可持续性与自然资源有限性和谐之上，这就构成了人与自然的共同体。

在构成现实世界的世间万物中，只有人才具有理性，具有从根本上改变环境的能力，能够破坏环境，也能改善环境，因此，人有正当理由介入到自然中去。但是持续发展伦理观认为，人类为了可持续地生存和发展，必须要更理性地介入到自然中去，调整人与自然的关系，做到人与自然的和谐发展。我们应当看到，人类中心主义作为西方文化的主流观念，在探讨当代环境问题根源，和承认自然界价值以及主张人类必须承担保护自然的义务方面，有过突出的建树，但它以人的利益为价值判断的传统观念并没有实质性的改变。我们也应当承认，非人类中心主义对于纠正人们长期以来习惯的"人类利益高于一切""人类需要绝对合理"的思维模式具有积极意义，但它忽视了人类文明的合理性，也没有看到人类调整自己行为的理性力量。可持续发展理论虽然也被看作从人类中心主义出发的发展模式，但可持续发展伦理观更强调人类可以理性地约束自己行为，去努力做到人与自然的和谐，所以它成为被全世界普遍接受的人类迈向新文明的一种现实选择。

第二，在处理人与自然的关系上，人与自然的关系是相互作用的。人是从自然中分化出来的，是具有自我意识的一部分。脱离自然界的人，同脱离人的自然界一样，都是空洞的、抽象的，现实、事物、感性都是人与自然相互作用的产物。自然与人是平等的。人类之所以能统治自然界，是因为我们能够认识和正确运用规律，而不是去奴役它。人作用于自然，自然也反作用于人。人依赖于自然而生存，自然为人类提供必要的生活资料和劳动资料。人通过劳动改变世界，同时也在改变人本身，人类从自己的主观能动性出发作用和改造自然，自然也会给人以反作用。如果人类不遵循自然规律，任意破坏自然界的生态平衡，自然也会予以报复。

可持续发展伦理观认为，人和自然既有相互依存的工具价值，又具有各自独立的自身价值。自然对人的工具价值在于它的可利用性，人对自然是互为尺度的关系。衡量这种价值的尺度，既不在人与自然自身之内，也不在对方之内，而在于人与自然的共同体，这才是唯一的价值主体。由此可以明确人对自然的权利和义务。一方面，人有权利利用自然，满足自身的需求，但这种需求必须以不改变自然的连续性为限度；另一方面，人又有义务在利用自然的同时向自然提供相应的补偿。可持续发展理论强调，必须调整人对自然权利和义务的界限，以恢复自然的正常状态，这就是可持续发展伦理观对生态伦理学的贡献。

由于现代科学技术的飞速发展，人类文明已经达到前所未有的高度。而人类的这种空前强大的力量，使得人们在人与自然的相互作用中，显示出了对环境和资源的巨大支配力。但在另一方面，与这种支配力相伴而行的是对环境和资源的巨大破坏力。这种破坏力是如此强大，以至于在人类征服自然过程中，在某些领域对环境的破坏造成不可逆转，使某些资源不能再生，使自然界本身自我修复、自我再生的能力有了根本丧失的危险。在这生死存亡的历史关头，人们不得不重新审视人与自然的关系，改变观念和端正态度已成为历史发展的必然要求。这就要求改变过去那种人与自然的对立斗争以及一味征服的旧观念，而代之以符合时代特点的新观念，建立人与自然之间和谐、统一的新关系，走可持续发展的道路。正是这一点构成了可持续发展战略的基本生态伦理维度。

第三章 人力资源战略与规划

第一节 人力资源战略

人力资源战略从属于企业战略，因此，只有明确企业战略的概念和层次，了解企业战略的基本类型，以及人力资源管理在企业战略制定和实施中的作用，才能制定出有效的人力资源战略。本节将对此进行详细说明。

一、企业战略的概念和层次

（一）企业战略的概念

企业战略决定了企业将要采取什么行动以及如何实施的问题。作为整体经营活动的指引，企业战略决定着企业的长远发展方向。企业实施战略管理的目的在于将企业的主要目标、政策和行为整合为一个有机整体。

（二）企业战略的层次

企业战略一般分为总体战略、事业战略、职能战略三个层次。

1. 总体战略

企业最高层次的战略。它需要根据企业的具体目标，选择企业竞争的经营领域，合理配置资源，使各项经营业务相互支持、相互协调。

2. 事业战略

也称业务单元战略，是企业的二级战略。事业战略涉及各业务单位的主管及辅助人员，它将企业战略所包括的企业目标、发展方向和措施具体化，形成本业务单位具体的竞争与经营战略。

3. 职能战略

各职能部门如何有效组合企业内部资源来实现总体战略和事业战略，包括文化、营销、品牌、产品、技术、物流、人力资源、财务和成本等方面的有效组合。

没有总体战略和事业战略，职能战略就没有方向指引，且失去了服务的对象；没有职能战略，总体战略和事业战略的实现就会缺乏基础。

二、企业战略的类型

（一）企业基本竞争战略类型

1. 低成本战略

企业可以通过在生产经营活动中扩大规模、降低成本、减少费用等方式，使得自己的产品较竞争对手具有成本优势，并通过低价格和高市场占有率来保持竞争优势。低成本战略主要适合于成熟的市场和技术稳定的产业。

2. 差异化战略

企业可以通过提供区别于竞争对手的、独一无二的产品来保持独特性。企业可以生产创新性产品，这种创新性产品既可以是竞争对手不具备生产条件的类型产品，也可以是同类产品具有竞争对手产品所不具有的特殊功能或无法达到的优秀品质。

3. 集中化战略

企业可以通过聚焦在较小较窄的细分市场中，为特定的客户提供特定的产品或服务，以巧妙地避开大范围竞争，求得生存和发展。这一战略主要是借助在某一市场缝隙中的专门化努力弥补其他产品的不足而获得竞争优势。

（二）基于顾客期望价值的业务战略类型

顾客是企业存在的保证。企业业务战略基于顾客期望价值，其核心是通过集中组织资源来满足顾客期望，通过最大化顾客价值形成竞争优势。顾客期望从企业得到物美价廉、产品创新、亲密度三种价值之一，根据顾客期望价值的不同以及企业所采取的应对策略，高绩效企业的业务战略可分为以下三种：

1. 运营型战略

针对顾客对物美价廉价值的期望，即想要从企业获得低价、可靠、性能好的产品或服务，企业可以采取高效运营策略形成运营型战略模式。

2. 创新型战略

针对顾客对产品创新价值的期望，即想要从企业获得独特、尖端的产品，企业可以采取产品领先策略形成创新型战略模式。

3. 服务型战略

针对顾客对亲密度价值的期望，即想要从企业获得高度个性化的解决方案和服务，企业可以采取顾客亲密策略形成服务型战略模式。

三、企业战略管理中人力资源管理的作用

企业战略管理过程，包括战略制定和战略执行两个阶段，人力资源管理在这两个阶段发挥着不同的作用。

（一）战略制定阶段，人力资源管理的作用

战略制定阶段，包括环境评价和制定战略两项主要工作，人力资源管理对这两项工作均有一定程度的影响。

环境评价，即对企业面临的内部环境和外部环境加以分析，以找到核心竞争力和竞争优势所在。人力资源管理与企业的环境评价息息相关，在外部环境分析中，人力资源管理部门可以帮助企业分析潜在的劳动力短缺、竞争对手的工资率，以及会对人员雇用产生影响的法律规章等与人员密切相关的外部竞争的机遇和威胁；在内部环境分析中，人力资源管理部门可以帮助企业分析自己的员工队伍所具有的优势与劣势，避免企业选择自己没有能力实现的人力资源战略投入。

在环境评价的基础上，可以进一步制定战略，提出明确的战略目标和实现步骤。在制定战略时，决策者要回答这样一系列问题：到哪里去竞争？如何竞争？依靠什么竞争？人力资源管理部门在战略制定中的作用，正是通过"依靠什么竞争"这一渠道来发挥的。通过促使决策者考虑企业实现某一战略所必需的人力资源是什么，以及应该怎样得到这一资源，人力资源管理部门的影响力得以发挥。将人力资源管理完全融入企业战略制定过程，不仅是人力资源管理的发展方向，也是企业战略决策成熟的标志。

（二）战略执行阶段，人力资源管理的作用

在战略执行阶段，人力资源管理部门的任务有两项：一是确保组织能够获得相当数量的员工，还要保证这些员工具有成功完成战略任务的知识、能力、技术和经验；二是建立起人力资源控制系统，以确保员工的行为方式有利于实现战略规划所确立的目标。要顺利地完成这两项任务，人力资源管理部门就必须开展一系列的工作，如工作分析、工作设计、招聘、甄选、培训、开发绩效管理系统和薪酬激励系统等。

第二节　人力资源规划

一、人力资源规划的概念

从广义上来讲，人力资源规划是预测未来的组织任务和环境对组织的要求，即根据组织任务和环境对组织的要求，制定人力资源管理行动方针的过程。

从狭义上来讲，人力资源规划是在企业发展战略和经营规划的指导下，调控人员的供需平衡，以满足企业在不同发展时期对人员质量和数量的需求，为企业的发展提供人力资源保障。也就是说，人力资源规划是对企业在某个时期内的人力资源供给和需求进行预测，并根据预测的结果采取相应的措施来平衡人力资源的供需。

有关人力资源规划的概念，需要注意以下要点：

1、人力资源规划是在企业发展战略和经营规划的指导下进行的。人力资源管理作为企业经营管理的子系统是服务于企业整体战略的，因此人力资源规划必须以企业的整体战略为基础。

2、人力资源规划包括两项紧密相连的活动：一是对企业特定时期的人员供给和需求进行预测；二是根据预测的结果采取相应的措施，以达到供需平衡。预测是基础，离开了预测将无法进行人力资源的平衡工作；平衡是目的，如果不采取措施使供需平衡，单纯进行预测将变得毫无意义。

3、人力资源规划对企业人力资源的预测，包括数量和质量两个方面。在数量方面，主要是分析现有的人力资源数量是否与组织所需的数量相一致。在质量方面，主要是分析现有人员受教育的程度及所受的培训状况，尤其是工作知识和能力方面是否与企业的需求一致。也就是说，供给和需求不仅要在数量上平衡，还要在结构上匹配。

二、人力资源规划的作用

进行人力资源规划，对企业的良性发展以及人力资源管理系统的有效运转有十分重要的作用。

（一）人力资源规划有助于企业发展战略的制定

前文多次强调人力资源规划要以企业的发展战略和经营规划为依据，但这并不意味着两者之间的关系是一种简单的单向关系，而是一种双向的互动关系。企业的发展战略是对未来的一种规划，这种规划同样也需要将自身的人力资源状况作为一个重要的变量加以考虑。如果预测的人力资源供给无法满足设定的目标，那么就要对战略和规划做出相应的调整。可见，做好人力资源规划有利于企业战略的制定，使战略更加切实可行。

（二）人力资源规划能够帮助企业保持人员状况的稳定

企业是在复杂的内外部环境中开展生产经营活动的，因此会依据环境的变化及时对经营规划、组织结构等方面做出相应的调整，这些调整往往也会引起人员数量和结构的变化。此外，企业内部的人力资源自身也会因辞职、退休等因素发生数量和结构方面的变化。由于人力资源的特殊性，这些变化造成的影响往往具有一定的时滞性。企业为了保证人员状况的相对稳定，维持企业的正常运转，就必须提前了解这些变化并进行相应的人力资源规划。

（三）人力资源规划有助于企业降低人工成本

人力资源在为企业创造价值的同时，也为企业带来了一定的成本开支。如果企业拥有的人力资源超出自己的需求，不仅会造成人力资源的浪费，而且会增加人工成本。通过人力资源规划，企业可以将员工的数量和质量控制在合理的范围内，从而节省人工成本。

（四）人力资源规划对人力资源管理的其他职能具有指导意义

人力资源规划在人力资源管理活动中处于主导地位，是人力资源管理体系中的一项全局性工作。人力资源规划对于人力资源管理的其他职能具有一定的指导意义，为它们提供了行动的信息和依据，使得这些职能活动的开展更加有序，同时也使得这些职能活动与企业的发展结合得更加紧密。

三、人力资源规划的内容

组织的人力资源规划按照影响的范围分为两个层次：总体规划和各项业务规划。人力资源总体规划是指在计划期间内人力资源管理的总目标、总原则、总政策、总体的实施步骤和总体预算安排，它是连接人力资源战略和人力资源具体行动的纽带。各项业务规划是总体规划的展开和具体化，每一项规划都由目标、任务、政策、步骤、预算等部分构成。各项业务的规划应该能保证人力资源总体规划的实现。

（一）人力资源总体规划

人力资源总体规划是组织根据其竞争战略和发展战略确定的人力资源管理的总体目标、配套政策和长远计划。

该工作的内容主要如下：

1、分析与评价组织人力资源的供需现状，进行组织人力资源供需的静态平衡工作。

2、根据组织的发展战略和环境变化的趋势，预测组织人力资源供需关系，进行组织人力资源的动态平衡工作。

3、规划组织人力资源管理程序，包括人员补充、使用、培训等活动的具体目标、任务、政策、步骤和预算。

4、保持组织人力资源管理专项业务规划的内在平衡，并确保人力资源总体规划与其他专项业务规划的相互衔接。

5、有关人力资源规划效益的内容，包括降低成本，提高效益，改变员工的数量、质量、结构，辅助招聘、培训等其他人力资源政策的实施等。

（二）人力资源各项业务规划

人力资源各项业务规划主要包括以下内容：

（1）获取规划。获取规划，是指根据外部劳动力市场和内部岗位空缺、能力和资源情况，制订人员补充计划，包括确定企业合适的人员规模、空缺人数、招聘计划、甄选和测试流程以及对其进行的预算。

（2）人员接替与提升计划。人员接替与提升计划，是指保持人才的数量，以及提升人才结构水平的计划。

（3）培训与开发计划。培训与开发计划，是指企业通过有计划地对员工进行培训，引导员工的技能发展与企业的发展目标相适应的策略方案。

（4）员工职业规划。员工职业规划，是指通过帮助员工进行职业生涯规划，把员工的职业发展与组织需要结合起来，从而有效地留住人才，稳定企业的员工队伍。

（5）绩效计划。绩效计划，是指被评估者和评估者双方对员工应该实现的工作绩效进行沟通的过程，并将沟通的结果落实为正式的书面协议，即绩效计划和评估表。它是双方在明晰责、权、利的基础上签订的一个内部协议。绩效计划的制订从公司最高层开始，将绩效目标层层分解到各级子公司及部门，最终落实到个人。对于各子公司而言，这个步骤就是经营业绩计划过程，而对于员工而言，这个步骤为绩效计划过程。

（6）薪酬激励计划。薪酬激励计划，是指企业在预测企业发展的基础上，对未来的薪酬总额进行预测，并设计、制订、实施未来一段时间的激励措施，以充分调动员工的积极性。

（7）劳动关系计划。劳动关系计划，是关于如何减少和预防劳动争议，改进劳动关系，加强员工保护的计划。

四、人力资源战略与规划的过程

人力资源战略与规划要求，根据企业业务战略制定企业的人力资源战略，并以此为基础进行人力资源规划与实施。可见，人力资源战略与规划是一项系统性工作，企业在制定人力资源战略与规划时，可以按如下几个步骤进行：

（一）进行环境分析

对企业的内部和外部环境进行分析和评价是人力资源战略与规划的第一步，是企业形成自己的人力资源战略的基础。一般较常采用SWOT（优势、劣势、机会、威胁）分析方法来进行环境分析，以明确企业内部存在的优势和劣势，以及外部面临的机会与威胁。

内部环境分析就是对企业可能获得的资源（比如资金、技术、人力资源等）的数量和质量进行分析，明确企业自身的优势和劣势。内部分析的关键是对企业的现有状况进行客观评价，以明确每一种资源就目前和未来的发展而言，对于企业是优势还是劣势。

外部环境分析就是对企业的运营环境进行分析，明确企业所面临的战略机会和威胁。战略机会包括尚未开发的客户市场、有助于企业发展的技术革新和尚未被完全利用起来的人力资源等。战略威胁包括将会进入市场的新的竞争对手、将会对企业产生不利影响的立法或者竞争对手的技术创新以及潜在的劳动力短缺问题等。

（二）制定人力资源战略

在对人力资源内部环境和外部环境进行分析的基础上，企业可以制定人力资源战略。如文所述，当企业的业务战略不同时，所采取的人力资源战略也会存在差异。此外，人力资源战略的选择还受到企业组织结构、企业生命周期等因素的约束。企业只有根据自身的情况选择合适的人力资源战略，才能实现可持续发展。

1. 根据组织结构制定人力资源战略

传统的金字塔式的层级结构与扁平化、网络化的组织结构所体现的管理哲学不同，对人力资源战略的要求也完全不同。组织中对员工数量和素质的需求、组织岗位的工作分析、绩效考核、员工报酬、员工培训与开发等人力资源管理的内容，会随着组织结构的不同而变化。

2. 根据企业生命周期理论制定人力资源战略

根据企业生命周期理论，企业是一个经历诞生、成长、壮大、衰退直至死亡过程的生命有机体。企业生命周期通常被划分为创业期、成长期、成熟期和衰退期四个阶段。各个阶段的企业特征不同，人才使用方式也存在差异，因此人力资源战略也不同。

（三）进行人力资源供给和需求预测

在人力资源战略确定后、企业可以据此进行相应的人力资源规划。在进行人力资源规划之前，企业首先需要对现有的人力资源状况进行分析。其次，根据自身的未来发展战略，对未来的人力资源需求做出正确的预测，找出未来理想的人力资源状况与现在的差别。最后，根据劳动力市场的现状对未来人力资源供给做出正确的预测，以确定未来劳动力市场能否在质量和数量上提供与企业发展相适应的人力资源。

（四）制定人力资源规划方案

当目前的人力资源状况与未来理想的人力资源状况存在差距时，企业就需要制定一系列有效的人力资源规划方案。当出现员工短缺的情况时，企业可以进行外部招聘，利用外部劳动力市场来保证有效供给，也可以在内部通过调动补缺、培训、工作轮换、晋升等方式解决这一问题。当出现员工过剩的情况时，企业需要制订一系列的人员裁减计划。

（五）人力资源规划的实施

制定了人力资源规划方案之后，就需要具体执行实施。在外部环境和内部条件未发生明显变化的情况下，要保证人力资源规划得到有效实施，发现不严格执行规划的行为要及时纠正。

（六）人力资源战略与规划的评价和控制

人类预测的有限性以及内外部环境的不断变化，都可能使最初制定的人力资源规划，无法真正有效地达到企业预期的目标和要求。因此，企业亟须建立一套科学有效的评价与控制体系，利用评价结果主动调整最初的人力资源规划以适应变化了的内外部环境，纠正企业在人力资源规划实施过程中的偏差，最终保证人力资源规划的持续发展。

对人力资源战略与规划进行评价和控制，目的是保证企业最初制定的人力资源规划，与其具体实施过程动态实时地相互适应。人力资源战略与规划的评价和控制的基本内容包括：选择人力资源规划关键环节中的关键监控与评估点；确立评价与控制的基准和原则；监测评估关键控制点的实际变化及变化趋势；选择适度的控制力和正确的控制方法，调整偏差。

第三节 组织结构与职位分析

一、组织结构

职位分析是人力资源管理的基本职能之一，而在进行职位分析之前，组织必须先确定组织结构。只有组织结构确定了，组织才有可能在此基础上进行职位分析与后续的其他人力资源管理工作。因此，组织结构也是人力资源管理的组织基础之一。

（一）组织结构的概念与设计原则

1. 组织结构的概念

组织结构就是组织中使工作任务得以分解、组合和协调的框架体系。从组织结构的这一定义我们可以发现，组织结构需要解决三个重要问题：

第一，组织中的正式报告关系，包括职权层级数目和主管人员的控制跨度。

第二，将个体组合成部门，部门再组合成组织的方式。

第三，部门沟通、协作与力量整合的制度设计。

其中，前两个问题更多关注纵向的协调与整合；最后一个问题主要关注横向的协调与整合。组织结构通过组织结构图来反映。组织结构图是对一个组织的一整套基本活动和流程的可视化描述。

2. 组织结构的设计原则

组织在开始运作之前，需要对组织结构进行设计。在进行组织结构设计时，一般需要遵循以下原则：

（1）任务目标原则

任何组织都有自己特定的目标，组织的结构、制度、流程、文化等都是为完成组织目标服务的。组织设计必须以组织任务目标为标准。一个完善的组织结构体系能够充分发挥员工的能力和潜能，促进组织任务目标的实现。

（2）精干高效原则

无论是营利性组织，还是政府、社会团体等非营利性组织，都应在努力完成组织目标的前提下力求将成本降到最低，效率至上已经成为衡量组织有效性的一个重要标准。因此，在进行组织结构设计时，要考虑效率原则，努力设计一种使组织能以最小的成本来实现目标的组织结构。

（3）统一指挥原则

统一指挥原则最早是由法约尔提出来的。他指出，无论一个组织无论怎么设计，都要保证指挥和命令的集中统一性，都要在组织的总体发展框架下运作。换句话说，员工只有在组织高层的统一指挥下工作，才能发挥其协同效应和整体效应。

（4）分工协作原则

组织目标的实现需要完成多种工作活动，尤其是在现代组织中，组织运营和管理所涉及的工作活动量更大、专业化程度更高，因此，应充分考虑劳动分工与协作。在组织设计过程中，应坚持分工协作原则，通过设置不同的专业部门和专职人员来完成各种具体的、细致的工作；同时要注重协调各部门、专职人员的工作活动，使他们的活动既符合特定部门和职位的特性，又符合组织战略和目标的总体要求，这样才能提高效率。

（5）跨度适中原则

每一个部门、每一个职位都有特定的控制跨度，即管理幅度，这种跨度或幅度又影响着组织管理层级的数量。在组织规模一定的情况下，控制跨度越大的组织，其管理层级越少；相反，组织控制跨度越小，管理层级越多。在设计组织结构时，应保持适当的控制跨度和管理层级，以促进信息交流，保证组织与领导的有效性。

（6）责权对等原则

为了保证各部门、各职位有效开展工作，就必须使这些部门和职位拥有相应的权力，以合理利用组织所拥有的资源，如果没有这种权力，就很难完成组织赋予的任务。但是，获得权力的部门或职位还必须承担相应的责任，而且这种权力和职责必须保持对等。否则，权责失衡必然造成组织系统紊乱，进而阻碍组织发展和组织目标的实现。

（7）集权和分权原则

在设计组织结构的时候，应坚持集权和分权原则，既要有一定的集权，也要有必要的分权，这样才能在保证工作效率的同时保证适度的工作积极性。

（8）执行机构和监督机构分设原则

执行机构是直接执行组织决策、保证组织任务完成的机构，而监督机构是监督执行机构是否按照国家法律法规和组织规章制度来完成组织任务的机构。如果将两个部门设置在一起，就会造成"自己监督自己"的局面，也就是通常所说的既当"裁判员"又当"运动员"，就不能发挥监督机构应有的作用。

（9）稳定性与适应性相结合原则

在设计组织结构时，既要保证组织在外部环境和任务发生变化时，能继续有序运行，又要保证组织在运转过程中，能根据外界环境的变化及时做出相应的调整，使组织具有一定的弹性和适应性。

（二）组织结构的基本类型

1. 直线职能制结构

直线职能制结构是把直线制和职能制结合起来形成的一种组织结构形式，也是最常见的组织结构形式。这种结构的特点是，以直线为基础，在各级行政主管之下设置相应的职能部门从事专业管理，作为该级主管的参谋，实行主管统一指挥与职能部门参谋、指导相结合。职能部门拟定的计划、方案以及有关指令，统一由直线管理者批准下达，职能部门无权直接下达命令或进行指挥，而只起业务指导作用，各级行政领导人逐级负责，高度集权。

直线职能制的优点在于，既保持了直线制的集中统一指挥，又吸取了职能制发挥专业管理的长处，从而提高了管理工作的效率。它的缺点在于，权力集中于最高管理层，下级缺乏必要的自主权；各参谋部门与指挥部门之间的目标不统一，各职能部门之间的横向联系较差，容易产生脱节与矛盾；信息传递路线较长，反馈较慢，适应环境变化较难，实际上是典型的"集权"管理的组织结构。这种结构适用于规模不大、经营单一、外部环境比较稳定的组织。目前，我国很多组织都采用这种组织结构形式。

2. 事业部制结构

这种结构的典型特点是集中指导、分权管理、分级核算、自负盈亏。即将一个组织按照地区、利润中心、产品或服务类别等分成若干个事业部,总部只保留人事权、预算权、监督权与重大问题决策权等,并通过各种财务指标等对事业部的活动进行必要的控制,各事业部全权负责自己经营单位的活动。从市场调查、产品设计、原料采购、产品生产,一直到产品销售和售后服务,各事业部都享有比较充分的自主权,能够根据本地区或某时期的特定情况制定决策。

事业部制的优点在于,能够根据不同地区、不同环境的特点制定灵活的经营方略,从而使组织能够满足不同的顾客群;分权化的管理方式有利于各事业部提高效率,快速应对环境的变化;在事业部内部有利于实现不同职能之间的高度协调。它的缺点在于,失去了职能制下的专业化和纵深化发展的机会和职能内部的规模经济;由于不同的事业部情况不同,在生产和管理上都难以使用统一的标准;各事业部有高度的自主权,在组织活动地域较大的情况下,很容易削弱总部的控制,出现本位主义与分散主义,不利于统一指挥。

这种组织结构形式主要是针对规模庞大、技术复杂、需要跨地区运营的大型组织而设计的。在当今全球化的形势下,一些大型组织(如跨国公司)纷纷采用这种组织形式。随着我国加入世贸组织,国内一些涉及海外业务的大型组织也选择了这种组织结构形式。

3. 矩阵式结构

矩阵式结构是一种既按照产品(项目)又按照职能或地区来划分部门的一种组织结构形式。这种结构的典型特点是同时存在纵向和横向两个部门体系,即职能部门和产品部门,打破了传统的统一指挥的限制,员工要同时向职能经理和产品经理报告工作。

矩阵式结构的一个典型例子是,某公司组成一个专门的产品(项目)小组去开发一种新的产品,在研究、设计、生产、销售等各个阶段,分别由市场部、研发部、生产部、销售部等职能部门派人参加,以协调有关活动,保证任务的完成。这种组织结构形式是固定的,但人员构成是可以变动的,需要的时候就派相关的人员过来,任务完成后就可以离开。项目小组和有关的负责人也是临时组织和任命的,任务完成后就解散,有关人员回原部门工作。因此,这种组织结构非常适用于横向协作和攻关项目。

矩阵式结构的优点是,有利于各种复杂活动之间的协调,可以加强不同职能部门之间的配合和信息交流,避免了职能制和直线职能制结构中各部门横向联系差、缺乏弹性,只顾本部门利益而忽视组织整体利益等缺点;组织方式机动、灵活,可随着产品(项目)的开发与结束进行组织或解散;由于这种结构是根据项目组织的,成员都是各方面的专家,而且目标明确、任务清晰,因此,有利于对人员和其他资源进行高效配置,这就为攻克难关、促进项目的实施提供了条件。涉及面广、复杂、临时性的重大工程项目或管理改革任务(例如科学研究、改革试点等），适合采用矩阵式结构。

矩阵式结构的缺点是，从员工角度来看，同一员工要接受来自两方面的领导，缺乏统一的指挥和控制，这容易给员工带来模糊感和压力，进而带来组织管理上的混乱。从管理者角度看，产品（项目）负责人对其成员的管理仍然存在困难，因为参加该组织的人员都来自不同职能部门，组织关系仍隶属原单位。因此，容易产生一种临时的观念，如果没有合适的激励和约束手段，势必会给产品或项目团队的工作带来一定影响。从组织政治角度来看，为了更有效地开展本部门的工作，各产品部门之间、产品部门与职能部门之间很有可能为争夺核心人才和资源而进行权力斗争，这将影响组织的正常运作。

除了直线职能制结构、事业部制结构、矩阵式结构外，还有一些新兴的组织结构形式，如团队结构、虚拟结构、网络结构等。在实际管理过程中，管理者需要综合考虑组织环境、组织战略、组织规模、组织生命周期、组织技术、人员素质等多方面的因素，确定合理的组织结构形式。

二、职位分析

人力资源管理是对人进行的管理，在组织内部，这种管理并不是抽象的，它总是以组织所承担或所从事的活动为基础来进行的，而一个组织所进行的活动最终都要落实在具体的职位上，表现为职位所对应的工作。因此，为了更好地进行人力资源管理，必须首先对组织内部各个职位的工作活动进行充分了解，而这正是职位分析所要完成的任务。

（一）职位分析的含义

职位分析是人力资源管理的一个重要的子系统，是建立以职位为基准的薪酬模式的重要基础性工作。职位分析又称岗位分析、工作分析，主要是指通过系统地收集、确定与组织目标职位有关的信息，对目标职位进行研究分析，最终确定目标职位的名称、督导关系、工作职责与任职要求等的活动过程。

具体来说，职位分析就是要为管理活动提供与工作有关的各种信息，这些信息可以用六个w和一个h加以概括，具体内容如下：

who——谁来完成这些工作？

what——这一职位具体的工作内容是什么？

when——工作的时间安排是什么？

where——这些工作在哪里进行？

why——从事这些工作的目的是什么？

for who——这些工作的服务对象是谁？

how——如何进行这些工作？

职位分析的结果是形成职位描述和职位要求。其中，职位描述以书面叙述的方法来说明工作内容以及工作需要的设备和工作条件等信息。职位要求说明了承担这项工作的员工所必须具有的特定技能、工作知识以及身体健康状况和个人特征等内容。

（二）职位分析的目的与作用

1. 职位分析的目的

我们为什么要进行职位分析？任何组织设置某一职位，都是期望该职位能够替组织去履行一定的职责，完成一定的任务。当组织规模小的时候，组织的拥有者可以作为代言人向职位的任职者传递组织的期望。当组织规模比较大的时候，就需要靠管理者去传递组织的期望。管理者对该职位有自己的认识，他们有可能正确地理解组织期望，也有可能错误地理解组织的期望。经过管理人员传递，该职位的任职者对该职位也会有自己的认识，他们的理解同样有可能比较到位，也有可能不到位。最后实际的情况就有可能不太理想，也就是管理者并没有正确理解组织期望，传递也不到位，导致员工也没有正确理解组织期望。如果任职者按照这种方式开展工作，虽然每天工作很忙，但实际上很多工作都是无用功。为了保证任职者尽可能地多为组织做工作，理想的情况是组织期望、管理人员传递、员工的自我知觉完全一致。如何才能有这种效果呢？这就需要我们采用一定的方法，对该职位进行科学、客观的分析，形成职位说明书。这样，管理者与员工才能正确理解该职位，保证组织期望得以实现，这就是职位分析最根本的目的。

2. 职位分析的作用

职位分析是人力资源管理的一项基础性工作，它在整个人力资源管理系统中占有非常重要的地位，发挥着非常重要的作用。

（1）职位分析为其他人力资源管理活动提供依据

职位分析为人力资源管理提供了一个平台，人力资源管理其他的职能活动都是在此基础上展开的。

①职位分析为人力资源规划提供了必要的信息

通过职位分析可以对企业内部各个职位的工作量进行科学的分析判断，从而为职位数量的增减提供必要的依据。此外，职位分析形成的对各个职位任职资格的要求，也有助于企业进行人力资源的内部供给预测。

②职位分析为员工招聘提供了明确的标准

由于职位分析对各个职位所必需的任职资格条件做了充分的分析，因此在招聘录用过程中就有了明确的标准，减少了主观判断的成分，有利于提高招聘录用的质量。

③职位分析为人员的培训与开发提供了明确的依据

职位分析对各个职位的工作内容和任职资格都做出了明确的规定，因此相关人员可以据此对新员工进行上岗前的培训，让他们了解自己的工作；还可以根据员工与职位任职资格要求的差距进行相应的培训，以提高员工与职位的匹配程度。此外，职位分析也可以为企业员工的职业生涯规划提供依据。

④职位分析为制定公平合理的薪酬政策奠定了基础

按照公平理论的要求，企业在制定薪酬政策时必须保证公平合理。职位分析对各个职位承担的责任、从事的活动、资格的要求等做出了具体的描述，这样企业就可以根据各个职位在企业内部相对重要性的大小给予不同的报酬，从而确保薪酬的内部公平性。

⑤职位分析还为科学的绩效管理提供了帮助

职位分析可以对每一职位从事的工作以及所要达到的标准进行明确的界定，这就为绩效考核提供了标准，减少了评价的主观因素，提高了考核的科学性。

（2）职位分析对企业管理具有一定的溢出效应

职位分析除了对人力资源管理本身具有重要意义之外，还对企业的整个管理具有很大帮助。

第一，职位分析有助于员工反省和审查自己的工作内容和工作行为，自觉主动地寻找工作中存在的问题，为企业发展做出贡献。

第二，在职位分析过程中，企业人力资源管理人员能够充分地了解企业经营的各个重要业务环节和业务流程，有助于公司的人力资源管理职能真正上升到战略地位。

第三，借助职位分析，企业的最高经营管理层能够充分了解每一个工作岗位上的员工目前所做的工作，可以发现职位之间的职责交叉和职责空缺现象，通过职位的及时调整，提高企业的协同效应。

三、职位分析的流程

（一）准备阶段

准备阶段的具体任务是成立职位分析小组，了解情况，建立联系，设计岗位调查方案，规定调查的范围、对象和方法。

1. 对企业各类岗位的现状进行初步了解，掌握各种基本数据和资料

（1）确定职位分析需要的信息类型

职位分析需要的信息类型其实质就是规范的职务描述应包括的内容或要素，即工作活动、工作程序、物理环境、社会环境和个人条件。

（2）职位分析的信息形式

职位分析的信息形式分为定量和定性或介于两者之间的三种形式。典型的定

性形式是用词语表示职位分析的结果，一般性地描述工作内容、工作条件、社会关系和个性要求等内容。定量信息是使用数量单位表示测量的结果，如工作中的氧气消耗量、单位时间内的产量、单位时间内的差错次数、工作小组的规模、能力测量的标准和对工作的评定分等。

（3）职位分析（信息收集）的方法

职位分析的方法实质上就是收集职位分析所需的信息资料的方法，如前面所介绍的实践法、观察法、访谈法、问卷调查法、工作日志法和关键事件法等。

（4）确定由谁来收集信息

收集信息的人员可以是组织内部或外部的咨询员、职位分析专家、管理者和工作的承担者。若组织规模很大而且不同区域有独立的人力资源管理部门，职位分析则由这些部门的分析人员完成。信息收集人员所需的仪器设备，可以是照相机、生理记录仪等。另外，企业要选择有分析能力、写作技巧、善于沟通和熟悉业务的人员担任分析员的角色，并对他们做职位分析的专业培训。

2. 设计岗位调查方案

（1）明确岗位调查的目的

岗位调查的任务是根据岗位研究的目的，收集有关反映岗位工作任务的实际资料。因此，在岗位调查的方案中要明确调查目的。有了明确的目的，才能正确确定调查的范围、对象和内容，选定调查方式，弄清应当收集哪些数据资料、到哪儿去收集岗位信息、用什么方法去收集岗位信息。

（2）确定调查对象和单位

调查对象是指被调查的现象总体，它是由许多性质相同的调查单位所组成的一个整体。所谓调查单位，是指构成总体的每一个单位。如果将企业劳动组织中的生产岗位作为调查对象，那么每个操作岗位就是构成总体的调查单位。在调查中，如果采用全面的调查方式，则需要对每个岗位（岗位即调查单位）一一进行调查，如果采用抽样调查的方式，则应从总体中随机抽取一定数目的样本进行调查。能不能正确地确定调查对象和调查单位，直接关系到调查结果的完整性和准确性。

（3）确定调查项目

在上述两项工作完成的基础上，应确定调查项目。这些项目所包含的各种基本情况和指标，就是需要对总体单位进行调查的具体内容。

（4）确定调查表格和填写说明

调查项目中提出的问题和答案，一般是通过调查表的形式表现的。为了保证这些问题得到统一的理解和准确的回答，便于汇总整理，必须根据调查项目，制定统一的调查问卷和填写说明。

（5）确定调查的时间、地点和方法

确定调查时间应包括，明确规定调查的期限，指出从什么时间开始，到什么时间结束；明确调查的日期、时点。在调查方案中还要指出调查地点，即登记资料、收集数据的地点。此外，在调查方案中，还应当根据调查目的和内容，决定采用什么方式进行调查。调查方式、方法的确定，要从实际出发，在保证质量的前提下，力求节省人力、物力和时间，如果能采用抽样调查、重点调查的方式，就不必进行全面调查。

3. 其他准备工作

（1）为了做好职位分析，还应做好员工的思想工作，说明该职位分析的目的和意义，建立友好合作的关系，使有关员工对岗位分析有良好的心理准备。

（2）根据职位分析的任务、程序，分解成若干工作单元和环节，以便逐项完成。

（3）组织有关人员提前，学习并掌握调查的内容，熟悉具体的实施步骤和调查方法。必要时，可先对若干个重点岗位进行初步调查分析，以便取得岗位调查的经验。

（二）调查阶段

调查阶段是一个收集信息的实质性过程，包括运用访谈、问卷、观察、实践等方法收集与工作有关的信息，广泛、深入地收集有关岗位的各种数据资料并进行全面的调查分析。

关于工作的调查分析要围绕工作本身进行，对某项职务应承担工作的各个构成因素进行调查分析，确定和描述该岗位的工作性质、内容、任务和环境条件。同时，还要研究一个岗位的具体工作活动，考察与这个岗位有关的所有方面，明确此岗位工作本身的特点。

关于人员的调查分析（针对人员进行的）要研究每一岗位的任职者所应该具有的基本任职条件，它是在工作描述的基础上，分析研究和确定担任该项职务的人员应具备的工作能力、知识结构、工作经验、生理特征和心理特征等方面的信息。它解决的问题是什么样的人可以从事这项工作。与此同时，可以根据调查信息，针对具体的岗位构建胜任特征模型。

（三）分析阶段

分析阶段是岗位分析的关键环节，它首先要对岗位调查的结果进行深入细致的分析，然后采用文字图表等形式进行全面的归纳和总结。具体工作如下：

1、仔细审核、整理获得的各种信息。

2、创造性地分析、研究有关工作和工作人员的关键要素。

3、归纳、总结出职位分析的必需材料和要素。

（四）描述阶段

职位分析并不是简单地收集和积累某些信息，而是要对岗位的特征和要求进行全面深入的考察，充分揭示岗位主要的任务结构和关键的影响因素，并在系统分析和归纳总结的基础上，撰写出工作描述和工作规范（即工作说明书）等人力资源管理的规章制度。此阶段的任务，就是根据职位分析信息编制"工作描述"与"工作规范"，即工作说明书。具体工作如下：

1、根据职位分析的信息草拟工作说明书。

2、将草拟的工作说明书与实际工作对比。

3、根据对比结果决定是否修正和如何修正，是否需要进行再次调查研究。

4、若需要，则重复第2～3步工作，对于是特别重要的岗位，可能要对工作说明书进行多次修订。

5、形成最终的工作说明书。

（五）运用阶段

运用阶段是对职位分析的验证，只有通过实际的检验，职位分析才具有可行性和有效性，才能不断适应外部环境的变化，从而不断地完善职位分析的运行程序。此阶段的工作主要有两部分。一是，培训职位分析的运用人员。这些人员在很大程度上影响着分析程序运行的准确性、运行速度及费用，因此，培训运用人员可以增强管理活动的科学性和规范性。二是，制定各种具体的应用文件。

（六）总结阶段

对职位分析的工作本身进行总结评估，并将工作说明书归档保存（可运用现今的信息技术动态地加以保存），为今后的职位分析提供借鉴和信息基础。

四、起草和修改工作说明书的具体步骤

1、进行系统全面的岗位调查，并起草工作说明书的初稿。

2、人力资源部组织职位分析专家，包括各部门经理、主管及相关的管理人员，分别召开有关工作说明书的专题研讨会，对工作说明书的修订提出具体意见。从报告书的总体结构到每个项目所包括的内容，从本部室岗位设置的合理性，到每个岗位具体职责权限的划分以及对员工的要求等，都要进行细致认真的讨论，并逐字逐句地对工作说明书进行修改。

五、职位分析的结果

（一）工作描述

1. 工作描述的内容

工作描述主要解决工作内容与特征、工作责任与权利、工作目的与结果、工作标准与要求、工作时间与地点、工作岗位与条件、工作流程与规范等问题。工作描述没有统一的标准，但通常包括以下几个方面：

（1）基本情况

如工作名称，指组织对从事一定工作活动所规定的工作名称或工作代码，以便于对各种工作进行识别、登记、分类以及确定组织内外的各种工作关系。工作名称应当简明扼要，力求做到能识别工作的责任以及在组织中所居的地位或所属部门。

（2）工作内容（工作职责）

工作内容是工作描述的主体部分，必须详细描述，并列出关键的工作内容。包括：①所要完成的工作任务与承担的责任；②执行任务时所需的条件，如使用的原材料和机器设备；③工作流程与规范；④与其他人的工作关系；⑤接受监督以及进行监督的性质和内容等。

（3）工作环境

工作环境包括物理环境和社会环境两个方面。首先，工作描述要完整地描述个人工作的物理环境，包括工作地点的温度、光线、湿度、噪声、安全条件等。此外还包括工作的地理位置，可能发生意外事件的危险性等。其次，职位分析要分析社会环境，这是工作描述的新趋势。它包括：①工作群体中的人数及相互关系；②工作群体中每个人的个人资料，如年龄、性别、品格等；③完成工作所要求的人际交往数量和程度；④与各部门之间的关系；⑤工作地点内外的公益服务、文化设施、社会习俗等。

（4）职业阶梯

职业阶梯即该岗位在组织中的位置、对组织的贡献、上下级关系、晋升路线和条件等。让新员工一看到工作说明书，就能对自己的未来职业发展有全面了解，可以更好地激励新员工努力工作。

（5）工作权限

工作权限说明该岗位的工作人员的相关权限，比如对资源的分配权、人员调配权等。让员工一拿到自己的工作说明书，就清楚自己的工作权限，防止越权。

（6）工作时间

确定该岗位的工作时间，比如每周工作时间，每天工作时间，特别是有没有倒班的情况等。员工可以结合自身的情况，安排好工作和生活。

（7）工作绩效标准

通过分析岗位的职责，围绕工作内容设定工作目标和工作标准。明确地规定工作中哪些行为是组织允许的，哪些行为是组织所不允许的，这样员工就能随时了解自己的工作效果。工作绩效标准明确地说明了工作要做到什么程度才是符合标准的，员工可以对照自己的工作表现，进行自我检测。

2. 工作描述的要求

（1）清楚

工作描述清楚明了，让人一看就清楚工作的相关信息，对于指导工作有一定的帮助。

（2）具体

工作描述越具体越好，要有很强的针对性，应针对每个岗位分别进行工作描述。

（3）简洁

简短而准确。工作说明书作为指导工作、招聘、培训、绩效管理和薪酬管理的依据，应做到简洁，用语精确到位。

（4）说明权力范围

本岗位的权力范围、工作权限越明确，工作中的纠纷越少。

（5）最后的检查

以"如果一个新员工阅读了这个工作描述，他能否理解要做的工作？"作为检查标准。

（二）工作规范

1. 工作规范的概念

爱好、领导能力等。

2. 工作规范的主要内容

工作规范包括的内容多，覆盖的范围大，大致涉及以下几个方面：

（1）岗位劳动规则

岗位劳动规则即企业依法制定的要求员工在劳动过程中必须遵守的各种行为规范。岗位劳动规则通常包括以下几方面：

①时间规则

对作息时间、考勤办法、请假程序等方面所作的规定。

②组织规则

企业单位对各个职能、业务部门以及各层级组织机构的权责关系、指挥命令系统、所受监督和所施监督、保守组织秘密等内容所作的规定。

③岗位规则

岗位规则也称岗位劳动规范，是对岗位职责、劳动任务、劳动手段和工作对象的特点、操作程序、职业道德等所提出的各种具体要求。它包括岗位名称、技术要求、上岗标准等具体内容。

④协作规则

企业单位对各个工种、工序和岗位之间的关系，上下级之间的配合等方面所作的规定。

⑤行为规则

对员工的行为举止、工作用语、着装、礼貌礼节等所作的规定。

这些规则的制定和贯彻执行，有利于维护企业正常的生产秩序，监督劳动者严格按照统一的规则和要求履行自己的义务，按时保质保量地完成工作任务。

（2）定员定额标准

定员定额标准即对企业劳动定员定额的制定、贯彻执行、统计分析以及修订等各个环节所作的统一规定。定员定额标准包括编制定员标准、各类岗位人员标准、时间定额标准和产量定额标准等。

（3）岗位培训规范

岗位培训规范即根据岗位的性质、特点和任务要求，对本岗位员工职业技能培训与开发所作的具体规定。

（4）岗位人员规范

岗位人员规范即在岗位系统分析的基础上，对某类岗位员工任职资格以及知识水平、工作经验、文化程度、专业技能、心理品质、胜任能力等方面的素质要求所作的统一规定。

3. 工作规范的结构模式

按工作规范的具体内容，工作规范有以下几种基本形式：

（1）管理岗位知识能力规范

管理岗位知识能力规范是对各类岗位的知识、能力和工作经验要求所作的统一规定，一般包括以下内容：

①知识要求

胜任本岗位工作应具有的知识结构和知识水平。

②能力要求

胜任本岗位工作应具备的各种能力素质。

③经历要求

能胜任本岗位工作，一般应具有一定年限的实际工作经验、从事低一级岗位的工作经历，以及与之相关的工作经历。

（2）管理岗位培训规范

它主要包括以下几项内容：

①指导性培训计划

指导性培训内容即对本岗位人员进行培训的总体性计划。主要内容有培训目的、培训对象、培训时间、培训项目、课程的设置与课时分配、培训方式、考核方法等。

②参考性培训大纲和推荐教材

在培训大纲中应明确各门课程的教学目的、内容和要求以及教学方式方法。推荐教材要符合培训大纲的要求，讲求针对性和实用性。

(3) 生产岗位技能业务能力规范

它是我国传统的国有企业所使用的一种劳动规范，主要包括以下三项内容：

①"应知"

"应知"指胜任本岗位工作所应具备的专业理论知识，如所使用机器设备的工作原理、性能、构造，加工材料的特点和技术操作规程等。

②"应会"

"应会"指胜任本岗位工作所应具备的技术能力，如使用某一设备的技能，使用某种工具、仪器仪表的能力等。

③工作实例

根据"应知""应会"的要求，列出本岗位的典型工作项目，以便判定员工的实际工作经验，以及"应知""应会"的程度。

(4) 生产岗位操作规范

生产岗位操作规范也称生产岗位工作规范，主要包括以下几项内容：

①岗位的职责和主要任务。

②岗位各项任务的数量和质量要求，以及完成期限。

③完成各项任务的程序和操作方法。

④与相关岗位的协调配合程度。

（三）工作说明书

1. 工作说明书的概念

工作说明书是组织对各类岗位的性质和特征（识别信息）、工作任务、职责权限、岗位关系、劳动条件和环境，以及本岗位人员任职的资格条件等事项所作的统一规定。

2. 工作说明书的分类

工作说明书根据所说明的对象，可以分为三类：

(1) 岗位工作说明书，即以岗位为对象编写的工作说明书。

(2) 部门工作说明书，即以某一部门或单位为对象编写的工作说明书。

(3) 公司工作说明书，即以公司为对象编写的工作说明书。

3. 工作说明书的主要项目

(1) 基本资料

基本资料主要包括岗位名称、岗位等级、岗位编码、定员标准、直接上下级和分析日期等方面的识别信息。

（2）岗位职责

岗位职责主要包括职责概述和职责范围。

（3）监督与岗位关系

监督与岗位关系说明本岗位与其他岗位之间在横向与纵向上的联系。

（4）工作内容和要求

它是岗位职责的具体化，是对本岗位所要从事的主要工作事项做出的说明。

（5）工作权限

为了确保工作的正常开展，必须赋予每个岗位不同的权限，但权限必须与工作责任协调一致。

（6）劳动条件和环境

它是指在一定时空范围内工作所涉及的各种物质条件。

（7）工作时间

工作时间包括长度的规定和工作轮班的设计两个方面的内容。

（8）资历

资历由工作经验和学历条件两个方面构成。

（9）身体条件

身体条件是结合岗位的性质、任务对员工的身体条件做出的规定，包括体格和体力两项具体要求。

（10）心理品质要求

心理品质要求应紧密结合本岗位的性质和特点，深入进行分析，并做出具体的规定。

（11）专业知识和技能要求。

（12）绩效考评

从品质、行为和绩效等多个方面对员工进行全面考核和评价。

（四）工作规范与工作说明书的区别

工作规范与工作说明书两者既相互联系，又存在着一定区别。

第一，从其涉及的内容来看，工作说明书以岗位的"事"和"物"为中心，对岗位的内涵进行系统、深入的分析，并以文字和图表的形式加以归纳和总结，成为企业劳动人事管理规章制度的重要组成部分，为企业进行岗位设计和岗位评价，以及人力资源管理各项基础工作提供必要的前提和依据。而工作规范所覆盖的范围、所涉及的内容要比工作说明书广泛得多，只是其中有些内容如岗位人员规范，与工作说明书的内容有所交叉。

第二，工作说明书与工作规范所突出的主题不同。例如，岗位人员规范是在岗位分析的基础上，解决"什么样的员工才能胜任本岗位工作"的问题，以便为企业员工的招聘、培训、考核、选拔、任用提供依据。而工作说明书则通过岗位系统分析，不但要分析"什么样的员工才能胜任本岗位工作"，还要正确回答"该岗位是一个什么样的岗位，这一岗位做什么，在什么地点和环境条件下做，如何做"。总之，工作说明书要对岗位进行系统、全面、深入的剖析。从这个意义上说，工作规范是工作说明书的一个重要组成部分。

第三，从具体的结构形式来看，工作说明书一般不受标准化原则的限制，其内容可繁可简，精细程度深浅不一，结构形式呈现多样化。

第四章　员工招聘

第一节　招聘概述

一、招聘的概念

员工招聘是人力资源管理的重要工作，也是企业吸纳与获取人才的重要渠道。招聘包括招募和甄选两个相对独立的过程。招募是企业通过宣传来扩大影响，以发现和吸引潜在雇员为目的而开展的各种活动；甄选是指使用各种选择方法和技术挑选合格员工的过程。

员工招聘是指组织为了生存和发展的需要，根据组织人力资源规划和工作分析的要求，采取科学的方法寻找和吸引具备资格的个人到企业来应聘，从中选拔出适宜人员予以录用的管理过程。招聘过程实质上就是从应聘者中选择最符合特定工作岗位要求的人员的过程，表面上看是企业主动选择应聘者的过程，实际上是企业与应聘者之间双向选择和匹配的动态过程。

员工招聘一般发生在新组织成立、企业现有岗位空缺、优化员工结构、组织业务范围扩大等情况下。

二、招聘的原则

（一）公开原则

公开原则，指招聘单位应将招聘岗位的种类和数量，应聘的资格、条件，笔试的方法、科目和时间，招聘程序及结果均公告社会，公开进行。一方面，给予社会上的人才以公平竞争的机会，达到广招人才的目的；另一方面，使招聘工作置于社会的公开监督之下，防止招聘工作中存在暗箱操作等不正之风。

(二)平等原则

平等原则,是指对所有应聘者一视同仁,为应聘者提供平等竞争的机会。企业不应该人为地制造各种不平等的限制条件(如地域、外貌、民族、性别等方面的限制)和优先优惠政策,要严格考核程序和手段,以潜在员工的个体能力和技能作为选拔标准,而不以关系和血缘等作为标准,根据企业实际需要录用合适的人才。

(三)人岗匹配原则

人岗匹配原则,是指在选择岗位任职者时一定要注意应聘者的素质与岗位的要求相匹配。任职人员的素质高于岗位要求,会造成人员高消费,浪费人才;任职人员的素质低于岗位要求,会强人所难,影响工作业绩。招聘的目的不一定是招聘到最优秀的人才,而是使被录用人员的能力和录用岗位的需要相适合,量才录用,做到人尽其才、用其所长、职得其人。

(四)全面考核原则

全面考核原则,是指对应聘人员的品德、知识、能力、智力、心理、工作经验和业绩进行全面考核和考察。因为一个人能否胜任某项工作,是由多方面因素决定的,并不仅仅取决于知识的储备量,许多岗位所要求的非智力因素往往对将来的业绩起着决定性作用。

(五)效率优先原则

企业在招聘过程中需要花费大量的人力和物力,企业应该用尽可能低的招聘成本录用到最佳人选。在组织招聘工作时,要根据不同的招聘要求灵活地选用适当的招聘途径和招聘手段,在保证招聘质量的基础上,尽可能降低招聘成本。

(六)双向选择原则

双向选择原则,是指组织和应聘者在充分认知的基础上进行双向选择。一方面,应聘者如实充分地介绍和展示自己,另一方面,企业也对应聘者所关注的问题进行全面的解答和介绍,不隐房间隐瞒。企业在人力市场上搜寻合适的应聘者,应聘者也在人力市场上寻找心仪的企业,双方享有平等的法律地位,在充分认知的基础上做出选择。

三、招聘的发展趋势

(一)通过雇主品牌来吸引应聘者

随着经济发展进入新阶段,招聘的竞争日趋激烈。雇主品牌是以为核心雇员提供优质与特色的服务和保障为基础,是雇主和雇员之间被广泛传播到其他的利益相关人、更大范围的社会群体以及潜在雇员的一种情感关系，通过各种方式表明企业是最值得期望和尊重的雇主。雇主品牌的主体是企业，载体是核心雇员，其理论以人力资本理论、心理契约理论和品牌资产理论为基础进行建立，并借助市场营销的方法，深入应用到企业的人力资源管理中。

（二）网络技术影响越来越大

新技术的持续创新和发展，使新型招聘方式不断涌现。

1. 社交型移动招聘

以前，网络招聘因其信息量大、覆盖面广、平均招聘成本低、效率高，以及应聘者使用率高等优点被大多数企业认可。但随着互联网向移动端的扩展，移动社交媒体越来越普及，社交型移动招聘也逐渐加入到人们求职和招聘的过程中。社交型移动招聘的宗旨是"建立企业与应聘者、应聘者和应聘者间的在线交流社交平台"，通过这类平台建立职业和行业小圈子，进而通过圈子让应聘者展示自我，帮助企业寻找及判断合适的人才。

2. 微招聘

近些年，"微招聘"应运而生并获得大量的关注和应用。"微招聘"是指利用微信移动客户端进行招聘信息发布、传播和应聘者求职意向收集等。一般来说，"微招聘"有两种应用方式：一是只通过微信传播招聘信息，传播方式包括图文信息发布、招聘海报发布、H5微页面的宣传等，以风趣幽默的语言风格和与时俱进的网络流行语，迅速吸引年轻的应聘者；二是在微信上除了进行招聘信息宣传外，还开通应聘者在线投递简历的功能，应聘者可直接在平台上填写个人信息、投递简历，或通过单击跳转到简历投递网页，有效地把招聘宣传和简历管理两大功能结合起来。

3. 大数据的广泛运用

在人力资源管理过程中，会产生或涉及很多信息和数据，包括应聘者的个人信息、面试评价、测评分数等。当网络招聘逐渐成为招聘的主流手段时，互联网信息爆炸时代使得大数据在招聘环节的应用愈发重要。企业根据招聘需求，通过定向发掘、分析社交网络数据库中的大数据，并将分析的结果运用到招聘中，从而实现精准、智能化以及个性化的招聘信息推送、应聘者的推荐和筛选，帮助企业更高效、精准地招聘。在具体实施中，企业可以通过大数据从应聘者的职业经历、专业影响力、业绩成果、性格匹配、职业倾向、工作期望值以及行为模式等维度对应聘者进行综合考察评价，并能获得难以通过面试得到的兴趣特点、性格特征和社交圈等信息。

（三）寻找被动型人才

与全球其他国家的招聘企业相比，中国企业更倾向于招聘被动型人才。这表明企业在获取优秀人才时并不是由应聘者主动投递简历，更多的是企业主动去"挖"人才。因此，企业应主动地接触人才，而非被动地等待人才投递简历，这也值得招聘人员投入更多精力。

第二节　招聘流程

员工招聘是一个复杂、完整和连续的程序化操作过程，也是一项极具科学性与艺术性的工作。根据招聘活动本身的规律性，招聘流程包括：招聘需求分析、制定招聘计划、人员招募、人员甄选、人员录用五个相互独立又相互联系的阶段。

一、招聘需求分析

企业的招聘需求通常分为显性需求和隐性需求。显性需求通常是指公司因新增业务或员工离职直接产生的明确的用人需求；隐性需求顾名思义是指潜在的需求，如公司未来发展需要储备的某方面的人才等。

（一）企业招聘需求的主要来源

1.公司新增业务而产生的招聘需求

包括公司新项目、新扩张的业务领域提出的人员需求。

2.岗位员工离职产生的招聘需求

人员离职可以根据变动规律来预测，部分离职而产生的空缺通常无法提前预知，但能够通过对过去几年人员离职情况的分析做出推算，在公司经营环境平稳的情况下浮动不会太大。

3.人才储备的招聘需求

公司考虑到长远的发展目标，需要储备一定数量的各类专业人才，如大学毕业生、专门技术人才等。

（二）招聘需求确认

人力资源部收到用人部门的招聘申请后，需要进行招聘需求的确认。根据用人部门提交的招聘需求申请表，明确招聘职位、任职要求、到岗时间等基本信息。如果是新设岗位，人力资源部要进行工作分析，并制定工作说明书，明确工作职责和岗位任职要求后方可开始招聘工作。在用人部门提出招聘需求后，用人部门和人力资源部通常需要对需求进行审核和确认，一般分为两个步骤：

1、用人部门对招聘需求进行自我审查与确认，确认提交的招聘需求是否符合公司制定的岗位编制和年度人力资源规划的要求；

2、人力资源部、分管领导、总经理逐级进行审核，确定招聘需求的必要性和相应的建议、要求。

二、制定招聘计划

招聘需求确定后，还需要结合具体岗位的工作分析和组织总体人力资源规划来制定详细的招聘计划。招聘计划的内容一般包括招聘团队成员构成、招聘规模、招聘范围、招聘岗位及要求、招聘时间、招聘方法、招聘预算等。

（一）招聘团队

一般而言，招聘团队应由企业高层管理人员、专业人力资源管理人员、用人部门经理、用人部门经验丰富的员工代表组成。招聘对象和招聘方法不同，招聘小组的成员构成也有所不同。例如，招聘中高层管理人员或公司所需的特殊人才时，招聘小组一般由人力资源部经理、总经理、外部聘请的专家组成。

（二）招聘规模

招聘规模是指企业准备通过招聘活动吸引多少数量的应聘者。招聘活动吸引的人员数量既不能太少也不能太多，应控制在合适的规模。企业可以通过招聘录用金字塔模型来确定招聘规模，使用这一模型来确定招聘规模，取决于两个因素：一是企业招聘录用的阶段，阶段越多，招聘的规模就越大；二是各个阶段应聘者通过的比例，这一比例的确定需要参考企业以往的历史数据和同类企业的经验，每一阶段的通过比例越低，招聘的规模就越大。

（三）招聘范围

招聘范围是指企业要在多大的地域范围内进行招聘活动。从招聘的效果考虑，范围越大，效果相应也会越好。但是随着范围的扩大，企业的招聘成本也会增加，因此对于理性的企业来说，招聘的范围应当适度，既不能太大也不能太小。企业在确定招聘范围时，总的原则是到与所需人员直接相关的劳动力市场上进行招聘。这通常需要考虑以下两个主要因素：一是空缺职位的类型；二是空缺职位的层次。一般来说，层次较高或性质特殊的职位，需要在较大的范围内进行招聘；而层次较低或者比较普通的职位，在较小的范围内进行招聘即可。

（四）招聘岗位及要求

企业通过多种途径确定招聘需求后，人力资源部要根据招聘需求与用人部门明确招聘的岗位及岗位的相关要求。招聘岗位的要求一般结合岗位的任职要求和用人部门的其他补充要求，包括招聘岗位名称、数量、学历要求、经验要求、资格要求、工作内容等。

（五）招聘时间

由于招聘工作本身需要耗费一定的时间，再加上岗前培训的时间，因此填补一个职位空缺往往需要相当长的时间，为了避免企业因缺少人员而影响正常的运

转,企业要科学、合理地确定自己的招聘时间,以保证职位空缺的及时填补。一般来说,可以用一个公式计算出招聘所需的时间:

招聘时间=用人时间-(招聘设计+培训时间)

在条件允许的情况下,招聘信息应尽早发布,这样有利于缩短招聘进程,使更多的人获取信息,增加应聘人数。有经验的企业一般会预先编制好招聘工作进度表,按照招聘工作的程序和时间顺序去实施。

(六)招聘方法

根据人力资源需求分析及确定的招聘岗位要求,选择有效地吸引应聘者来填补岗位空缺的方法。如确定是从组织内部还是外部选拔和录用所需人才,外部招聘采用哪种渠道、方式,内部招聘采用哪种渠道、方式等。职位空缺的填补,无论是经内部选拔来实现,还是经外部招聘来实现,都各有利弊,二者基本是互补的。

(七)招聘预算

1. 人工费用

公司招聘人员的工资、福利、差旅费、生活补助和加班费等。

2. 业务费用

包括通信费(电话费、网费、邮资和传真费)、专业咨询与服务费(为获取中介信息而支付的费用)、广告费(在电视、报纸、网络等媒体发布广告的费用)、资料费(公司印刷宣传材料和申请表的费用)和办公用品费(纸张、文具的费用)等。

3. 其他费用

包括场地租赁费、场地布置费、参加人才交流会费用等。

在计算招聘费用时,应当仔细分析各种费用的来源,并归入相应的类别中,避免出现遗漏或重复计算。

三、人员招募

制定完招聘计划后,就进入人员招募环节。所谓人员招募,就是指企业寻找人员可能的来源和吸引他们到组织应聘的过程。人员招募通过各种途径和方法获取应聘者,招聘工作的成败很大程度上取决于有多少人来应聘,应聘的人越多,企业选出优秀人才的可能性就越大。人员招募的目标就是要吸引尽可能多的、符合企业需求的人来应聘。在这一阶段,企业需要积极拓展招聘渠道,进行招聘宣传,通过多种渠道向社会发布招聘信息。

（一）招募渠道

根据应聘者的来源，招募渠道可被划分为内部招聘和外部招聘两类。内部招聘是指组织从内部选拔和录用所需人才的过程，外部招聘是指组织从外部招募和录用人才的过程。

1. 内部招聘

内部招聘的主要方法包括以下几种：

（1）企业数据库（人才储备法）

随着人力资源信息系统（HRIS）的日渐普及，人力资源部门可通过HRIS记录和保持现有员工的背景资料，以及知识、技术能力信息。当出现职位空缺时，人力资源部门的招聘人员将工作需求输入数据库，就可以获得一份符合任职要求的现有员工名册。许多员工管理软件可根据员工的职业领域、受教育程度、职业兴趣、工作经历及其他因素，对员工进行分类。

（2）工作岗位布告

企业可通过工作岗位布告系统向员工公布职位空缺的情况，以便员工申请特定的职位。企业可以通过多种途径向员工公布职位空缺信息，比如在公告牌上张贴布告、发放员工实时通讯、发电子邮件、通过企业QQ群和微信群发布招聘信息等。现在越来越多的企业会在内部网上公布人才需求信息。

（3）晋升和岗位轮换

只要情况许可，许多企业通过晋升和岗位轮换来填补职位空缺。如果员工通过轮换或晋升到了其他岗位，就需要招聘新员工来接替他们原来的工作。企业应在老员工离开岗位之前而不是之后，做好填补这些职位空缺的计划工作。

（4）重新招聘以前的员工和应聘者

新员工的另一个招聘来源是以前的员工和应聘者。由于他们已经与企业建立了联系，因此，企业可把他们视为内部招聘的来源。

2. 外部招聘

外部招聘的主要方法包括以下几种：

（1）员工举荐

常见的很有效的招聘方式。员工对应聘者和空缺职位都比较了解，再加上举荐会涉及他的声望，所以员工总是能举荐高质量的应聘者。

（2）广告招聘

企业外部招聘的常用方法之一。通常的做法是在一些大众媒体上刊登单位的招聘信息，它应考虑两方面的因素：一是选择何种广告媒体，二是如何设计广告内容。一般来说，广播、电视、报纸、专业杂志和专业网站等都是企业可选择的媒体，具体选择何种媒体，应根据企业招聘职位的类型和要求确定。

（3）校园招聘

主要是指企业直接到高校、中等职业学校的校园里招聘员工的活动形式。校园招聘方式有张贴招聘信息、开招聘会、毕业实习、学校就业办公室推荐等。校园招聘一定要准备充分、尊重学生，不论是否录用都应该有反馈。

（4）职业中介

随着人才流动的日益普遍，各类职业介绍所、劳动就业服务中心和猎头公司等就业中介机构应运而生。这些机构承担着双重任务，既为单位择人，也为求职者择业。借助这些中介机构，单位与求职者均可获得彼此的信息，同时也可广泛传播各自的信息。

（5）网络招聘

主要指企业在人才网站、公司网站等网站上发布招聘信息，并进行简历筛选和面试的一种招聘方式。企业可以在本企业的网站上发布招聘信息，搭建招聘系统，也可以通过专业招聘网站发布招聘信息，利用专业网站已有的系统展开相应的招聘活动。另外，视频招聘也是借助网络技术而衍生出的一种新型招聘方法。

（二）制作招聘资料

招聘资料一般包括招聘简章、招聘广告、应聘申请表、面试评价表等。

招聘简章是企业组织招聘工作的依据，是企业招聘工作的重要基础工作。招聘简章既是招聘的告示，也是招聘的宣传大纲。招聘简章的编写既要实事求是，又要热情洋溢、富有吸引力，以便最大程度地展现企业的文化、优势、管理特点和核心竞争力，恰当地展示公司的实力和发展前景，吸引优秀的应聘者。

招聘广告要规范、简洁、清晰，一般包括以下几个方面的内容：

1、企业简介；

2、空缺岗位名称、需求人数等；

3、空缺岗位基本工作职责、工作内容、工作要求、工作条件等；

4、招聘标准，即学历、工作经验、专业知识、工作技能以及能力素质等要求；

5、联系人、联系方式、公司地址、注意事项等。

（三）招聘宣传

招聘宣传是发布招聘信息和传递公司及岗位信息的主要方式，可以展示公司的形象，影响应聘者的求职意愿。企业根据招聘计划和招聘预算选择合适的渠道进行招聘宣传，发布招聘信息。内部招聘的宣传常常在单位内部网络、布告栏或者内部会议发布，外部招聘的宣传主要采用报纸杂志、电视、网络、人才招聘会、校园招聘会或借助猎头公司等招募形式，微招聘是近年出现的招聘宣传新媒体渠道。具体采用哪种宣传方式要视招聘的岗位、招聘成本等确定。

四、人员甄选

人员甄选是指组织根据一定的条件和标准，运用科学的方法和手段，对应聘者进行严格的考查、比较和选择，发现和获得组织所需员工的过程。人员甄选是员工招聘的关键环节，其目的在于判断应聘者未来的工作绩效，录用符合职位要求的人选，淘汰不符合职位要求的人选。

员工选拔是一项为企业把关的工作，是整个招聘过程的关键环节。如果将不合适的人员引进企业，不仅会增加培训等方面的困难，而且还会造成过高的人员流动率，增加企业的负担。人力资源招聘工作实践中有许多实用的选拔方法，其中使用最广泛、最主要的选拔方法是申请表与简历筛选、笔试、心理测试、工作技能和实践操作测试、面试和评价中心法等。

（一）申请表与简历筛选

对应聘申请表和简历的审查及评价是招聘选拔的初步筛选，目的在于收集应聘者背景和现在情况的信息，以评价应聘者是否能满足最低的工作要求。其基本内容包括应聘者的工作经历、受教育情况、培训情况、能力特长、职业兴趣等。

每个应聘者都会向招聘单位递交简历，为什么还需要申请表呢？这是因为简历主要是应聘者想告诉企业的内容，申请表则主要是企业想了解的内容，二者内容既有重合又有区别，配合使用可以互为补充。

在资格审查过程中，选拔人员需要做出如下判断：应聘者是否符合招聘的基本要求，如年龄、学历和专业等；应聘者提供的个人信息是否真实，是否需要进行必要的核实与调查；初步判断应聘者是否胜任岗位，以决定应聘者是否可以进入下一个选拔程序。一般情况下，为了避免判断失误而导致人才流失，在资格审查程序中应尽量减少淘汰的人数。

（二）笔试

笔试是测试应聘者学识水平的重要方法。该方法可以有效地测量应聘者在基础知识、专业知识、管理知识、综合分析能力、逻辑推理能力和文字表达能力等基本素质能力上的差异，判断应聘者对招聘岗位的适应性。它是一种最古老又最基本的人员甄选方法，至今仍然是企业或组织经常采用的选拔人才的重要方法。

笔试的优点是，试题的容量较大，考试的取样较多，可以保证测试的信度和效度；可以对大规模的应聘者同时进行筛选，花较少的时间实现高效率；对应聘者来说，心理压力较小，容易发挥正常水平；同时，成绩评定也比较客观。笔试的不足主要表现在，招聘人员不能直接与应聘者见面，不直观，不能全面考察应聘者的工作态度、品德修养、组织管理能力以及口头表达能力等，还需要采用其他测试方法进行补充。一般来说，在人员招聘中，笔试往往作为应聘者的初次竞争，成绩合格者才能继续参加面试或下一轮的竞争。

（三）心理测试

1. 智商测试

智商就是智力商数，智商测试是对人们认识客观事物并运用知识解决实际问题的能力的测试。智力包括多个方面，如观察力、记忆力、想象力、分析判断能力、思维能力、应变能力等。智力的高低通常用智力商数来表示，用以表示智力发展水平。国外有许多成熟的智商量表，用于测量人的智商，如比奈量表、瑞文图形推理测验等。

2. 能力测试

用于测评从事某项特殊工作所具备的某种潜在能力的一种心理测试。这种测试可以有效地测量人的某种潜能，从而预测他在某职业领域中成功和适应的可能性，或判断哪项工作适合他。这种预测功能体现在什么样的职业适合某人，什么样的人胜任某职位。

3. 人格测试

对多种人格特质的测试。人格由多种人格特质构成，主要包括以下几个方面：个性倾向性，如需要、动机、价值观、态度等；个性心理特征，如气质、能力、性格等；体格与生理特质。人格对工作成就的影响是极为重要的，不同气质、性格的人适合不同种类的工作。对于一些重要的工作岗位（如主要领导岗位），为选择合适的人才，需进行人格测试，因为领导者失败的原因往往不在于智力、能力和经验不足，而在于人格的不成熟。

一种有效的测试是"个性特征测试"。这种测试要求被测试者指出他们与行为描述的一致程度。用来测量五大个性维度的其他测试，包括NEO个性测量表和霍根人格测试等。

4. 职业兴趣测试

目的在于揭示人们想做什么和他们喜欢做什么，从中可以发现应聘者最感兴趣并能从中得到最大满足的是什么。霍兰德职业兴趣测试把人的兴趣分为六种类型：实际型、研究型、社交型、传统型、企业型及艺术型。

（四）工作技能和实践操作测试

1. 工作样本测试也称为绩效测试

它测量的是应聘者做某件事情的能力，而不是了解某件事情的能力。这种测试可以测量运动技能或语言技能，运动技能包括实际操作与工作相关的各种设备，语言技能包括处理问题的技巧和说话的技巧。工作样本测试是测试工作能力的重要方法，因为应聘者要实际完成工作的部分内容，所以要在这种测试中"造假"是很困难的。

2.可塑性测试

对于那些对应聘者的技术水平要求容易变化，必须经常进行培训的工作，可塑性测试非常有用。具体来说，测试目标是判断应聘者的可塑性。在这个过程中，首先由培训者示范如何完成一项特定的任务，然后要求应聘者来完成；这一阶段，培训者会对他进行几次指导以帮助完成；随后，应聘者要独立完成任务。培训者仔细观察应聘者的完成情况，并记录所发生的错误，从而判断应聘者的整体可塑性状况。

（五）面试

面试是一种经过精心设计，在特定场景下，通过与应聘者面对面的交谈与观察，了解其有关信息的一种方式。面试的目的是使组织通过面对面的交流找到最合适的人选，同时也使应聘者找到最理想的职位。

面试内容包括应聘者的仪容仪表、人生观、社会观、职业观、人格成熟程度、个人修养、求职动机、工作经验、相关专业知识、团队意识、责任心、语言表达能力、应变能力及决策能力、自我认识能力及协调指导能力、社交能力及分析判断能力等。按照不同的标准，可以将面试划分为不同的类型，见表7-1。

表7-1 面试的分类

划分标准	类型	含义
按照面试的结构化程度	结构化	又称标准化面试，是根据特定职位的胜任素质要求，遵循固定的程序，采用事先命好的题目、评价标准和评价方法，通过面试官与应聘者面对面的语言交流，评价应聘者胜任特征的人才甄选方法
	非结构化	根据实际情况随机进行提问的面试，面试问题并无既定的格式，面试考官可询问他们感兴趣的问题，并可以深入追问
	半结构化	将结构化面试、非结构化面试结合起来进行的面试
按照面试的组织方式	一对一面试	一个面试官每次面试一名应聘者，是面试中最常见的一种形式。适用于应聘人数少的岗位，同时常常用于应聘者的初试筛选环节
	小组面试	一个面试官同一时间对多个应聘者进行面试，面试效率高，但容易出现面试不准确的情况。适用于应聘人数众多、需要快速筛选和比较的岗位

续表

划分标准	类型	含义
	陪审团式	多个面试官同一时间对一个应聘者进行面试，面试准确度较高，但效率较低。适于岗位较为重要，招聘要求较高的岗位，常常用于对应聘者的复试录用环节
按照面试的侧重点	情景式	是指通过对岗位进行分析，确定工作情节，设计出一系列的问题，给出问题答案，在面试时让面试官对所有应聘者询问同样的问题，然后按预定的答案对被试者的回答进行评价的一种特定的面试方法
	行为描述式	是一种采用专门设计的题目来了解应聘者过去在特定情境下的行为表现的方法
	综合式	具有情景式和行为描述式面试的特点，且是结构化的。内容主要包括与工作岗位任职资格有关的知识、技能、性格、个性特征等方面
按照目的不同	压力型	是指将应聘者置于一种紧张的气氛中，面试官以挑衅性、刁难性甚至攻击性的问题进行提问，以考察应聘者的压力承受能力、情绪控制能力和紧急应变能力等
	鉴定型	主要是上级主管和同事对面试者的工作绩效所进行的评定

面试的一般流程包括下面四个阶段。

1. 面试导入阶段

这一阶段包括确定面试的目的，科学地设计面试问题，选择合适的面试类型，确定面试的时间和地点等。这一阶段一般由人力资源部的招聘工作人员与招聘组人员进行确认和安排。

2. 面试实施阶段

面试时应设计简短的拉近彼此关系的环节，面试官可以寒暄暖场，消除应聘者的紧张情绪，之后再过渡到面试评价环节。面试时通常采用灵活的提问和多样化的形式进一步观察和了解应聘者。

3. 面试结束阶段

在面试结束之前，面试官应该给应聘者一个机会，询问应聘者想了解的问题。不管录用还是不录用，均应在友好的氛围中结束面试。如果对某一对象是否录用有分歧意见，不必急于下结论，还可安排第二次面试。

4. 面试评估阶段

面试结束后，应根据面试记录表对应聘者进行评估。评估可采用评语式评估或计分式评估。

(六) 评价中心法

评价中心法是近几十年来西方企业中较为流行的一种选拔和评价高级人才的综合性人才测试技术。评价中心法自20世纪80年代初开始介绍到我国，并在我国企业和国家机关人员招聘与选拔中有一定程度的应用。

评价中心法涉及的范围主要有个人的背景调查、心理测试、管理能力和行为评价。评价中心法是以评价管理者素质为中心的测评活动，其表现形式多种多样。从测试的主要方式来看，有投射测验、面谈、情景模拟、能力测验等。从评价中心法测评的内容来看，主要有公文测试、无领导小组讨论、角色扮演、管理游戏、演讲、案例分析、事实判断等形式。下面介绍主要的几种形式：

1. 公文测试

也称公文处理，是评价中心法中使用最多，也被认为是最有效的一种形式。在该测试中，被试者被置于一个特定的职位或管理岗位的模拟情境中，主试者提供一批岗位经常需要处理的文件，文件是随机排列的，包括电话记录、请示报告、上级主管的指示、待审批的文件、各种函件、建议等。文件分别来自上级和下级、组织内部与外部，包括重要大事和日常琐事，被试者被要求在一定的时间和规定的条件下处理完毕，还要以口头或书面的形式解释说明处理的原因。主试者根据被试者处理的质量、效率、轻重缓急的判断，以及在处理公文时被试者表现出来的分析判断能力、组织与统筹能力、决策能力、心理承受能力和自控能力等进行评价。

2. 无领导小组讨论

运用松散群体讨论的形式，快速诱发人们的特定行为，并通过对这些行为的定性描述、定量分析及人际比较，来判断被试者素质特征的人事测评方法。所谓"无领导"，就是说参加讨论的这一组被试者，他们在情境中的地位是平等的，而且也没有指定哪一个人充当小组的领导者。这样的目的在于考察被试者的表现，尤其是看谁会脱颖而出成为自发的领导者。

3. 角色扮演

在情景模拟中，主试者设置了一系列尖锐的人际矛盾与人际冲突，要求几个被试者分别扮演不同的角色，去处理各种问题和矛盾。主试者通过对被试者在扮演角色时表现出来的行为进行观察和记录，测试被试者的素质或潜能。一般来说，对角色扮演的评价主要放在角色把握能力、人际关系技能和对冲突事件的应变能力等方面。

4. 管理游戏

一种以完成某项实际任务为基础的团队模拟活动，通常采用小组形式进行。数名被试者（通常6~10人）组成一个小组，就给定的材料、工具共同完成一项游戏任务，并在任务结束后就某一主题进行讨论交流。在游戏开始前，每个小组成员分配一定的任务，有的游戏还规定了小组成员的角色，不同的角色权限不同，但不管处于什么角色，若要完成任务，所有的成员都必须合作；在游戏的过程中，主试者通过观察被试者在游戏中的行为表现，对某些能力与素质指标进行评价。管理游戏作为评价中心法的一种测评方式，其复杂程度是评价中心法中最高的，但是它的测评效度也较高。

在选拔过程中，各种甄选测试方法不宜单独使用，最好是与其他方法结合起来使用。人员选拔的关键是通过合理的甄选技术及程序，准确地对应聘者的知识、技能、个性及价值观等与胜任岗位相关的素质进行评价。

五、人员录用

人员录用是对应聘者一系列考核测评之后，对应聘者的情况得出一个全面、客观的考核结果，并根据考核结果做出录用决策的过程。简单地说，录用就是组织根据工作需要招入新人的一系列管理程序，这种活动使组织人员得到补充。

（一）初步录用决策

企业根据岗位的要求，通过面试、心理测验和情境测评等多种方法对岗位应聘者进行甄选评价之后，就得到了关于他们岗位胜任表现的信息，根据这些信息，便可以做出初步的录用决策。在进行初步录用决策时，要系统地对应聘者的胜任能力进行评估和比较。

在录用决策中应注意：招聘的指导思想应该是招聘最合适的而不是最优秀、最全面的员工；录用标准应根据岗位的要求有所侧重，不同的岗位应有不同的侧重点，突出重点；初步录用的人选要多于实际录用的人数，因为在随后的背景调查、体格检查、人员试用过程中，可能会有一些候选人不能满足企业的要求，或是有些人有了更理想的选择而放弃了这次就业机会。

（二）背景调查

背景调查主要考察应聘者以往的经历，包括工作时间、岗位名称、工作职责，以及他人的评价等。进行背景调查通用的原则是，向合适的人问合适的问题，多问数字、少问感觉，多问事例、少问评价，做判断时以封闭式提问去求证。此外，还可以审核应聘者的学历、工作经验的证明文件及推荐信，这适用于对中高级人才和关键性职位人才的背景调查。

进行背景调查主要有四种方式：电话调查、正式商业信函、传真发信、与应聘者提供的证明人进行面谈。一般配合调查的部门及人员应是人力资源部及其负责人（提供一些基本信息），以及应聘者之前的直接上级（提供工作业绩情况）。背景调查不是必经程序，有些企业只针对重要和关键岗位的应聘者。

（三）体检

体检是看应聘者的身体状况是否适合其所谋求的职务和环境。体检可以保证每一位被录用的员工身体状态和体能符合工作要求，如视力正常、能举起重物和能站立工作等。这样可以避免员工投诉企业的工作环境危害健康而要求赔偿，并且可以防止疾病传播。在选拔过程中，体检一般放在后期进行，因为这项程序费用较高，待其他不合格的应聘者被淘汰之后再进行体检，可以降低成本。

（四）薪酬谈判

薪酬谈判一般是由人力资源部门负责主导实施，由用人部门依据面试过程中对拟录用人员能力水平的评估结果给出薪酬建议，由公司总经理对最终的薪酬谈判结果进行审批。

在谈判过程中，程序上分为用人部门提供薪酬建议，人力资源部门确认、沟通薪酬提议，总经理审批三个主要环节。薪酬谈判技术有以下几种：

1. 降低期望

在招聘前期即通过表格填写、面试等收集和了解应聘者的期望薪酬，并通过面试等环节适当地降低其期望值。同时，明确告知应聘者，录用后的薪酬定级必须遵循公司的薪酬体系，在考虑应聘者的技能水平、外部行业薪酬状况的同时，也会考虑内部薪酬平衡。

2. 运用各种渠道和方法吸引应聘者

招聘人员要提供给应聘者多种企业信息，如公司品牌、工作平台、薪酬福利、工作环境等，增强其对企业的信心，提升整体的吸引力；通过实例告知应聘者在本行业与本企业可获得的发展前景，如行业增长空间、职业发展通道、薪酬提升等，用良好的发展前景吸引应聘者；另外，需要根据应聘者的心理状态，设身处地为应聘者着想，用情感打动应聘者。

3. 全面展示企业薪酬福利

企业可将相对有竞争力的数据展示给应聘者，如年薪或者月薪；同时突出企业薪酬体系中的优势，如除工资之外，还有年终奖金、分红、股权激励、住房公积金等；还可从工作生活平衡、工作生活成本等角度宣传企业薪酬的竞争力，如提供免费食宿等。

（五）录用审批

经过笔试与面试、测试、背景调查、体检、薪酬谈判后确定的拟录用人选，需经过单位的逐级审批程序，填写"人员录用审批表"，审批表由人力资源部门留存备查。审批程序根据各个单位的具体情况制定，一般是由人力资源部门和用人部门共同完成。其中，人力资源部门负责录用审批的实施，并为用人部门提供经过筛选的应聘者详细信息及各环节的评价结果，给予用人部门专业的录用建议；

用人部门根据综合评估后做出最终决策，再根据招聘职位的高低决定是否报公司总经理做进一步审批录用。

（六）办理录用手续

人员录用是指经层层筛选符合组织需要的人，并做出最终录用决定，通知其报到和办理就职手续的过程。虽然不同企业的录用程序差异很大，但一般来讲，人员录用工作主要包括做出录用决策、公布录用名单、通知录用者、办理录用手续、签订试用期合同、新员工入职、新员工培训、新员工试用期考核、新员工转正并签订劳动合同等环节。

在实际的实施过程中，较好的做法是采用先电话通知，再书面或邮件通知。通过电话沟通可拉近录用者与企业间的关系，让其感受到企业的重视；而以书面或邮件的形式发送正式的录用offer，可显示企业管理的规范性。

常见的录用通知应包含如下信息：

1、工作情况：包括录用岗位、工作地点、试用期限；

2、薪酬福利：包括月薪、奖金、福利项目及明细等；

3、报到事项：包括报到的时间地点、乘车方式、携带物品要求、体检要求等；

4、注意事项及未尽事宜说明等。

第三节　招聘评估

招聘评估是员工招聘的最后一项工作，也是招聘过程必不可少的一个环节。所谓招聘评估，是指在完成招聘各阶段工作的基础上，对整个招聘活动的过程及结果进行评价与总结，评估是否达到了预期的目的。

招聘评估一般包括招聘工作的定性评估、定量评估和信度与效度评估。招聘评估通过对录用人员的绩效、实际能力、工作潜能的评估，检验招聘工作成果与方法的有效性，有利于招聘方法的改进。招聘评估通过成本与效益核算能够使招聘人员清楚地知道费用的支出情况，区分出哪些是应支出费用，哪些是不应支出费用，有利于降低后期招聘的费用，为组织节省开支。

一、定性评估

招聘工作的定性评估，一般根据应聘者的数量、质量和职位填补的及时性，以及招聘渠道的吸引力，新员工所在职位的部门负责人对招聘工作的满意度和员工对所在岗位的满意度等指标进行评估。

（一）职位填补的及时性

职位填补的及时性体现在招聘部门的反应是否迅速，能否在接到用人要求后，短时间内找到符合要求的替补者。另外，招聘人员的工作效率也影响招聘工作的及时性。

（二）用人单位或部门对招聘工作的满意度

用人单位或部门对招聘工作的满意度，包括对新录用员工的数量、质量的满意度，以及对招聘过程的满意度。包括是否按照用人单位或部门的要求招募到合适的人选；是否及时和用人单位或部门沟通联系，共同招募和筛选应聘者；负责招聘的人员是否花时间与部门经理们一起讨论他们对应聘人员的要求；用人单位或部门对所招新员工的绩效的满意度等。

（三）招聘渠道的吸引力

招聘渠道的吸引力包括所吸引的有效应聘者的数量，如网上招聘就是点击该招聘网页的数量、写申请求职人员的数量、符合职位要求的应聘者的数量、所收有效简历的数量、有效电话咨询的数量等。

（四）员工对所在岗位的满意度

新员工对所在岗位的满意度，可以用员工满意调查表来衡量。优秀的员工大部分都以事业为重，但也非常关心自己能否得到特殊的对待，工资待遇等条件能否得到满足，以及对工作的环境和企业文化的接受度。

二、定量评估

（一）招聘成本评估

招聘成本评估是指对招聘过程中的费用进行调查、核实，并对照预算进行评价的过程。招聘成本是评价招聘效率的一个重要指标，具体可以划分为六个方面：

1. 招募成本

为吸引和确定企业所需要的人力资源而发生的费用，主要包括招聘人员的直接劳务费用、直接业务费用、其他相关费用等。

2. 选拔成本

对应聘者进行鉴别选择，以做出决定录用或不录用所支付的费用。

3. 录用成本

经过招聘选拔后，把合适的人员录用到企业所发生的费用，包括录取手续费、调动补偿费、搬迁费和旅途补助费等由录用而引起的相关费用。

4. 安置成本

为安置已被录取的员工到具体工作岗位就职所发生的费用，包括安排新员工的工作所必须发生的各种行政管理费用、为新员工提供工作所需要的设备条件，以及录用部门因安置人员所损失的时间而发生的费用等。

5. 离职成本

员工离职给企业带来的损失，一般包括直接成本和间接成本两部分。

6. 重置成本

因招聘方式或程序错误致使招聘失败而重新招聘所发生的费用。

（二）招聘成本效用评估

招聘成本效用评估是对招聘成本所产生的效果进行的分析，它主要包括招聘总成本效用分析、招募成本效用分析、选拔成本效用分析、人员录用成本效用分析及招聘收益成本比。具体计算方法如下：

总成本效用＝录用人数÷招聘总成本

招募成本效用＝应聘人数÷招募期间的费用

选拔成本效用＝被选中人数÷选拔期间的费用

录用成本效用＝正式录用人数÷录用期间的费用

招聘收益成本比＝所有新员工为组织创造的总价值÷招聘总成本

显然，这些指标越高越好，各公式计算出的比例越大，说明各项费用开支的使用效率越高。

（三）录用人员评估

录用人员评估是指根据招聘计划，对录用人员的质量和数量进行评价的过程。

1. 录用人员数量评估

数量评估是对招聘工作有效性检验的一个重要方面。这一方面的评估指标主要有应聘比、录用比和招聘完成比。

（1）应聘比

说明员工招聘的挑选余地和信息发布状况。该比率越大，说明组织的招聘信息发布得越广、越有效，组织的挑选余地也就越大，同时说明录用人员素质高的可能性越大；反之，该比率越小，说明组织的招聘信息发布得不适当或无效，组织的挑选余地小。计算公式为：

应聘比＝应聘人数÷计划招聘人数

（2）录用比

录用比越小，表明对企业来说可供选择的人员越多，实际录用者的素质就可能越高；反之，说明可供筛选者越少，则实际录用者的素质较低的可能性越大。计算公式为：

录用比＝实际录用人数÷应聘总人数

（3）招聘完成比

说明新员工招聘计划的完成情况。如果招聘完成比等于或大于100%，则说明在数量上全面或超额完成了招聘计划；比率越小，说明招聘员工数量越不足。计算公式为：

招聘完成比＝实际招聘人数÷计划招聘人数

2. 录用人员质量评估

录用人员质量评估是对员工的工作绩效行为、实际能力、工作潜力的评估，主要是分析评估新员工的素质、能力等，是否能满足应聘岗位的要求和组织工作的需要，它是对招聘的工作成果与方法有效性检验的另一个重要方面。绩效考核是录用人员质量评估的重要方法。为了提高对人员录用质量的评估，还可以采用以下统计指标：

录用合格比＝已录用胜任岗位人数÷实际录用人数

录用基础比＝原有人员胜任岗位人数÷原有人员总数

录用合格比反映了人员招聘的有效性以及准确性。录用合格比和录用基础比之差，反映了本次招聘的有效性是否高于以前招聘有效性的平均水平，即招聘有效性是否在逐步提高。

（四）招聘方法评估

招聘方法评估主要是对招聘过程中采用的招募渠道的招聘效果进行评估。通过将各种招聘工作定量评估指标与招募渠道相联系，评价出不同招募渠道的产出率。

三、信度与效度评估

（一）招聘信度评估

招聘信度是指招聘的可靠程度，具体指通过某项测试所得结果的稳定性和一致性。应聘者多次接受同一测验或有关测验时，若其结果相同或相近，我们认为该测验的信度较高。任何一种测试手段，如果其信度很低，就不可能是有效的。招聘信度这一指标具体体现为：稳定系数、等值系数和内在一致性系数。

1. 稳定系数

在两个不同时间用同一种测试方法对一组应聘者进行测试的结果的一致性，稳定系数可用两次结果之间的相关系数来表示。

2. 等值系数

对同一应聘者使用两种对等的、内容相当的测试所得结果之间的一致性程度。如对同一应聘者使用两张内容相当的个性测试量表测试时，两次测试结果应当大致相同。等值系数可用两次结果之间的相关系数来表示。

3. 内在一致性系数

把同组应聘者进行的同一测试分为若干部分加以考察，各部分所得结果之间的一致性程度，它可用各部分结果之间的相关系数来判别。

（二）招聘效度评估

招聘效度是指招聘的有效性。具体指用人单位对应聘者真正测到的品质、特点与其想要测的品质、特点的符合程度，毕竟一项测试只有能测出它想要测定的才算有效。在人员选拔过程中，测试效度高是指实际测到应聘者的特征与想要测的特征符合程度高。招聘效度测试指标主要有预测效度、内容效度、同侧效度。

1. 预测效度

用来预测将来行为的有效性，通过对应聘者在选拔中所得分数与其被录用后的绩效分数相比较来了解预测效度，二者相关性越大，则说明所选的测试方法、选拔方法越有效；若相关性很小或不相关，则说明此法在预测人员潜力上效果不大。

2. 内容效度

主要考虑所测得的内容是否与想测试的特性有关。某测试的各个部分对于测量某种特性或做出某种估计有多大效用，测试是否代表了工作绩效的某些重要因素等。内容效度多用于知识测试与实际操作测试，而不适用于对能力和潜力的测试。

3. 同侧效度

对现在员工实施某种测试，然后将测试结果与员工实际工作绩效考核得分作比较，若二者相关性很大，则说明此测试效度高。这种测试效度的特点是省时，可以尽快检验某种测试方法的效度，但用到人员选拔测试中，难免会受到其他因素的干扰，而无法准确地预测应聘者未来的工作潜力。因此，同侧效度不适用于选拔新员工的测试，而仅适用于现有员工的测试。

第四节　招聘中的法律问题

在人力资源管理实践中，许多企业引进人才时，自认为掌握着录用员工的主动权，但由于缺少法律意识，常常忽视了招聘过程中的法律风险，为企业之后的正常运营和员工管理埋下了隐患。为此，企业应依法做好员工招聘工作。

一、招募中的法律问题

（一）避免就业歧视

根据《中华人民共和国就业促进法》的规定，劳动者享有平等就业的权利，如遭受用人单位就业歧视，劳动者可直接向法院提起诉讼。依据法律规定，企业在招募宣传中如果涉嫌就业歧视，比如在招聘广告中包含对应聘者"性别、婚姻状况、民族、户籍、身体状况"等方面的不合理限制，那么刊登该广告的企业将可能面临侵权诉讼，并将承担相应的法律责任。

（二）明确招聘职位的录用条件

《中华人民共和国劳动合同法》明确规定，劳动者在试用期间被证明不符合录用条件，单位可以立即解除劳动合同。因此，明确的录用条件是企业行使合法解除劳动合同权利的前提。

二、甄选中的法律问题

《中华人民共和国劳动合同法》明确规定，用人单位对劳动者与劳动合同直接相关的基本情况有知情权。因此，企业人力资源管理部门应利用好法律赋予的这项权利，做好对拟录用员工的入职审查和管理工作，为从根本上防范用工法律风险把好第一关。

对拟录用员工的入职审查和管理，重点在于对招聘过程中得到的应聘者相关信息的审查和整理，这不仅有利于规范企业的用工管理，更重要的是为将来可能发生的劳动争议留存证据。这些审查包括：年龄审查，即身份证明验证；资质审查，审查与应聘职位相关的学历证明和各种资格证明；劳动关系状况审查，查验应聘者与原用人单位解除或终止劳动合同的证明；身体状况审查，要求应聘者提供正规的体检报告，或者要求应聘者到指定医院参加体检。

在人力资源管理实践中，有关就业体检争议最大的是关于单位是否有权拒绝乙肝病原携带者的问题。为了规范和避免用人单位滥用知情权，我国发布的《关于进一步规范入学和就业体检项目，维护乙肝表面抗原携带者入学和就业权利的通知》，明确规定了用人单位在就业体检中，不得要求乙肝项目检测，不得因劳动者是乙肝病原携带者而拒绝招用或强行辞退。

三、录用中的法律问题

经过招募和甄选后，企业一般会在决定录用应聘者后，向其发出录用通知书。录用通知书中一般包括工资待遇、试用期、社保、福利、报到时间等与工作相关的主要事项。但是，关于录用通知书的性质和法律效力，《中华人民共和国劳动合同法》没有做出明确规定。在许多用人单位看来，录用通知书不是正式的劳动合同，没有法律效力，所以，在录用通知书的设计、发送及撤销方面都很随意，殊不知这很容易造成大量的法律风险。

第一，企业发录用通知书时，应十分谨慎，在确定录用该应聘者的前提下，才能发出录用通知书；人力资源部门应在录用通知书中逐一列明不予录用的特殊情形，以保留一定的录用主动权；录用通知书一旦发出即具有了法律效力，企业不能随意单方面变更其中的内容。

第二，企业在制作和签发录用通知书时，首先要明确应聘者应予承诺的期限，如果收到录用通知书的应聘者不能按期确认，公司有权取消此录用决定另招新人；其次，明确约定违约责任，双方就录用通知书达成合意后，应聘者未在通知书规定的时间内报到，公司可要求其承担相应的违约责任。

第三，录用通知书只表明企业愿意以一定条件接纳应聘者为企业工作的意向，它和正式的劳动合同还是有区别的。因此，企业一旦决定录用员工，应尽快签订劳动合同，依据劳动合同来规范双方的权利、义务，以避免企业承担不利的法律责任。

第五章 新时代人力资源管理职能的转型与优化

第一节 人力资源管理职能的转型

一、人力资源管理职能的战略转型

(一) 以战略和客户为导向的人力资源管理

近年来,随着全球化步伐的加快,经营环境的复杂化,技术进步尤其是网络和信息技术的突飞猛进,员工队伍、社会价值观以及组织所处的内外部环境都发生了很大的变化,这些情况使组织中的人力资源管理职能面临着越来越严峻的挑战。在这种情况下,很多关于人力资源管理职能变革的想法不断出现,如人力资源管理应当从关注运营向关注战略转变;从警察式的监督检查向业务部门的伙伴转变;从关注短期向关注长期转变;从行政管理者向咨询顾问转变;从以职能管理为中心向以经营为中心转变;从关注内部向关注外部和客户转变;从被动反应向主动出击转变;从以完成活动为中心向以提供解决方案为中心转变;从集中决策向分散决策转变;从定性管理向定量管理转变;从传统方法向非传统方法转变;从狭窄视野向广阔视野转变等。

毋庸置疑,上述想法都有一定道理,但必须强调的一点是,人力资源管理职能的战略转变并不意味着人力资源管理要彻底抛弃过去所做的一切。相反,现代人力资源管理职能必须在传统和现代之间找到一个适当的平衡点,只有这样才能为组织的经营和战略目标的达成提供附加价值,帮助组织在日益复杂的环境中获得竞争优势。

人力资源管理在一个组织的战略制定以及执行过程中起着非常重要的作用,它不仅要运用于组织制定战略的过程中,而且要通过制定和调整人力资源管理方案和计划、贯彻和执行组织制定的战略。然而，人力资源管理职能部门要想在组织中扮演好战略性的角色，就必须对传统的人力资源管理职能进行重新定位；同时围绕新的定位来调整本部门的工作重点及在不同工作活动中所花费的时间。

如果想把人力资源管理定位为一种战略性职能，就必须把人力资源部门当成一个独立的经营单位，它具有自己的服务对象，即内部客户和外部客户。为了向各种内部客户提供有效的服务，这个经营单位需要做好自己的战略管理工作，在组织层面发生的战略规划设计过程，同样可以在人力资源管理职能的内部进行。近年来，在人力资源管理领域中出现了一个与全面质量管理哲学一脉相承的新趋势，那就是企业的人力资源部门会采取一种以客户为导向的方法来履行各种人力资源管理职能，即人力资源管理者把人力资源管理职能当成一个战略性的业务单位，从而根据客户基础、客户需要以及满足客户需要的技术等来重新界定自己的业务。

以客户为导向，是人力资源管理在试图向战略性职能转变时所发生的一个最为重要的变化。这种变化的第一步，就是要确认谁是自己的客户。需要得到人力资源服务的直线管理人员，显然是人力资源部门的客户；组织的战略规划团队，也是人力资源部门的客户，因为这个小组也需要在与人有关的业务方面得到确认、分析并且获得建议；此外，员工也是人力资源管理部门的客户，他们与组织确立雇佣关系后获得的报酬、绩效评价结果、培训开发计划以及离职手续的办理等，都是由人力资源部门来管理的。

第二步是确认人力资源部门的产品有哪些。直线管理人员希望获得忠诚、积极、高效且具有献身精神的高质量员工；战略规划团队不仅需要在战略规划过程中获得各种信息和建议，而且需要在战略执行过程中得到诸多人力资源管理方面的支持；员工则期望得到一套具有连续性、充足性以及公平性特征的薪酬福利计划，同时还希望能够得到公平的晋升以及长期的职业生涯发展机会。

最后一个步骤是人力资源部门要清楚，自己应通过哪些技术来满足这些客户的需要。客户的需要是不同的，因此，运用的技术也应该是不同的。人力资源部门建立的甄选系统，必须能够确保所有被挑选出来的求职者，都具有为组织带来价值增值所必需的知识、技术和能力。培训和开发系统则需要通过为员工提供发展机会，来确保他们不断增加个人的人力资本储备，为组织获取更高的价值，从而最终满足直线管理人员和员工双方的需要。绩效管理系统则需要向员工表明，组织对他们的期望是什么，它还要向直线管理人员和战略制定者保证，员工的行为将与组织的目标保持一致。此外，报酬系统需要为所有的客户（直线管理人员、战略规划人员以及员工）带来收益。总之，这些管理系统必须向直线管理人员保证，员工将运用他们的知识和技能服务于组织的利益；同时，它们还必须为战略规划人员提供相应的措施，以确保所有的员工都采取对组织的战略规划具有支持性的行为。最后,报酬系统还必须为员工所做的技能投资及其所付出的努力提供等价的回报。

人力资源管理部门的客户除了组织的战略规划人员、直线经理以及员工外,还有另外一类非常重要的客户,即外部求职者。在当前人才竞争日益激烈的环境中,人力资源部门及其工作人员在招募、甄选等过程中表现出的专业精神、整体素质、组织形象等,不仅直接关系到组织是否有能力雇用到高素质的优秀员工,而且对组织的雇主品牌塑造以及在外部劳动力市场上的形象都有重要影响。因此,人力资源部门同样应当关注这些外部客户,并设法满足他们的各种合理需求。

(二)人力资源管理职能的工作重心调整

在现实生活中,很多企业的人力资源管理者经常抱怨自己不受重视。他们认为,他们在招聘、培训、绩效、薪酬等很多方面做了大量工作,但却没有真正受到最高领导层的重视。一些工作得不到高层的有力支持,很多业务部门也不配合,自己就像是在"顶着磨盘跳舞"费力不讨好。为什么会出现这种情况呢?除了组织自身的问题,还与人力资源管理部门及其工作人员未能围绕组织战略的要求调整自己的工作重心,未能合理安排在各种不同的工作活动中投入的时间和精力有很大的关系。从理想的角度来说,人力资源管理职能在所有涉及人力资源管理的活动中都应该非常出色,但是在实践中,由于面临时间、经费以及人员等方面的资源约束,人力资源管理职能想要同时有效地承担所有工作活动往往是不可能的。于是,人力资源部门就必须进行战略思考,即应当将现有的资源分配到哪里以及如何进行分配,才最有利于组织价值的最大化。

对人力资源管理活动进行类别划分的方法之一,是将其归纳为变革性活动、传统性活动和事务性活动。变革性活动主要包括知识管理、战略调整、战略更新、文化变革、管理技能开发等战略性人力资源管理活动;传统性活动主要包括招募甄选、培训、绩效管理、薪酬管理、员工关系等传统的人力资源管理活动;事务性活动主要包括福利管理、人事记录、员工服务等日常性事务活动。

在企业中,这三类活动耗费人力资源专业人员的时间比重大体上分别为5%~15%、15%~30%和65%~75%。显然,大多数人力资源管理者把大部分时间花在了日常的事务性活动上,而在传统性人力资源管理活动上花费的时间相对较少,在变革性人力资源管理活动上所花费的时间更是少得可怜。事务性活动的战略价值较低;传统性人力资源管理活动,尽管构成了确保战略得到贯彻执行的各种人力资源管理实践和制度,也只具有中度的战略价值;而变革性人力资源管理活动则由于帮助企业培育长期发展能力和适应性而具有最高的战略价值。由此可见,人力资源管理者在时间分配方面显然存在问题。他们应当尽量减少在事务性活动和传统性活动上花费的时间,更多地将时间用于具战略价值的变革性活动。如果人力资源专业人员在这三种活动上的时间分配能够调整到25%～35%、25%～35%和 15%～25%，即增加他们在传统性尤其是变革性人力资源管理活动方面花费的时间，那么人力资源管理职能的有效性必能得到大幅提高，从而为企业增加更多的附加价值。

然而，压缩人力资源管理职能在事务性活动上所占用的时间，并不意味着人力资源部门不再履行事务性人力资源管理活动；相反，人力资源部门必须继续履行这些职能，只不过通过一种更为高效的方式来完成这些活动。

二、人力资源专业人员的角色与胜任素质

（一）人力资源专业人员扮演的角色

人力资源管理专业人员主要应当扮演好三个方面的角色，即授权者、技术专家以及创新者。授权者，是指人力资源管理人员授权直线管理人员，成为人力资源管理体系的主要实施者；技术专家，是指人力资源专业人员从事与薪酬以及管理技能开发等有关的大量人力资源管理活动；创新者，是指人力资源管理者需要向组织推荐新的方法，来帮助组织解决各种与人力资源管理有关的问题，如生产率的提高、由疾病导致的员工缺勤率突然上升等。

在人力资源管理所扮演的角色方面，从关注点来说，人力资源管理既要关注长期的战略层面的问题，同时也要关注短期的日常操作层面的问题。从人力资源管理活动的内容来说，人力资源管理既要做好对过程的管理，又要做好对人的管理。基于这两个维度，产生了人力资源管理需要扮演的四个方面的角色，即战略伙伴、行政专家、员工支持者以及变革推动者。

1. 战略伙伴

这一角色的主要功能是对战略性的人力资源进行管理。也就是说，人力资源管理者需要识别能够促成组织战略实现的人力资源及其行为和动机，将组织确定的战略转化为有效的人力资源战略和相应的人力资源管理实践，从而确保组织战略的执行和实现。人力资源管理者通过扮演战略伙伴的角色，能够把组织的人力资源战略和实践与组织的经营战略结合起来，从而提高组织实施战略的能力。

2. 行政专家

这一角色的主要功能是对组织的各种基础管理制度进行管理，要求人力资源管理者能够通过制定有效的流程，来管理好组织内部的人员配置、培训、评价、报酬、晋升以及其他事务。尽管人力资源管理职能向战略方向转变的趋势在不断加强，但是这些传统角色对于成功经营一个组织来说仍然是不可或缺的。作为组织的基础管理责任人，人力资源管理者必须能够确保这些组织流程的设计和实施的高效率。实现这一目标有两条途径：一是通过重新思考价值创造过程，调整和

优化组织的人力资源管理制度、流程以及管理实践，从而提高效率；二是通过雇用、培训和回报帮助组织提高生产率、降低成本，从而提升组织的总体效率。在人力资源管理流程再造的过程中，很多组织都采用了共享人力资源服务中心的新型人力资源部门结构设计。

3. 员工支持者

这一角色的主要功能是对员工的贡献进行管理，即将员工的贡献与组织经营的成功联系在一起。人力资源管理专业人员可以通过两条途径来确保员工的贡献能够转化为组织经营的成功：一是确保员工具有完成工作所需要的能力，二是确保他们有勤奋工作的动机以及对组织的承诺。无论员工的技能水平多高，只要他们与组织疏远，或者内心感到愤愤不平，他们就不可能为企业的成功贡献力量，也不会在组织中工作太长的时间。为了扮演好员工支持者的角色，人力资源部门及其工作者必须主动倾听员工的想法，了解他们在日常工作中遇到的问题、关注的事情以及他们的需要。人力资源部门不仅自己要扮演好员工的倾听者和激励者的角色，而且要通过培训、说服以及制度引导的方式，确保员工的直接上级也能够了解员工的想法以及他们的意见和建议。只有这样，才能真正建立员工和组织之间的心理契约，积极主动地开发人力资源，把员工的贡献和组织经营的成功真正联系起来。

4. 变革推动者

这一角色的主要功能是对组织的转型和变革过程进行管理。转型意味着一个组织要在内部进行根本性的文化变革，人力资源专业人员既要做组织文化的守护者，也要成为文化变革的催化剂，积极促成必要的组织文化变革，从而帮助组织完成更新过程。在变革过程中，人力资源专业人员要帮助组织确认并实施变革计划，其中可能涉及的活动有：找出并界定问题、建立信任关系、解决问题、制定并实施变革计划等。在当今这个急剧变化的竞争环境中，人力资源管理者必须确保组织拥有能够持续不断地进行变革的能力，并且帮助组织确定是否有必要进行变革以及对变革的过程进行管理。变革推动者的角色还要求人力资源专业人员，在尊重组织历史文化的基础上，帮助员工顺利地接受和适应新文化。研究表明，能否扮演好变革推动者的角色，可能是决定一个组织的人力资源管理工作是否能够取得成功的最重要的素。

此外，国际公共部门人力资源管理学会（IPMA-HR）也提出了一个模型，用以阐明人力资源管理者在公共部门中应当扮演的四大角色，即人力资源专家、变革推动者、经营伙伴以及领导者。其中，人力资源专家的角色强调人力资源专业人员应当做好传统的人力资源管理中的各项专业技术工作；变革推动者的角色强调人力资源专业人员一方面要帮助直线管理人员应对变革，另一方面要在人力资源管理职能领域内部推动有效的变革；经营伙伴的角色强调人力资源专业人员不仅要指导直线管理人员规避错误，更要为他们提供解决组织绩效难题的有效建议，参与组织的战略规划，并围绕组织的使命和战略目标帮助组织达成目的；领导者的角色则强调人力资源专业人员必须对功绩制原则以及其他道德伦理保持高度敏感，同时平衡好员工的满意度、福利与组织的要求和目标之间的关系。

（二）人力资源专业人员的胜任素质模型[①]

与人力资源管理专业人员及其所在部门所扮演的角色高度相关的一个问题是，人力资源管理的专业人员需要具备怎样的能力才能达到组织对人力资源管理工作所提出的战略要求？对此，很多学者和机构都进行了研究。下面主要介绍三种观点，第一种是戴维·乌尔里奇（Dave Ulrich）的研究结果，第二种是雷蒙德·诺伊（Raymond Noe）等人的观点，第三种是国际公共部门人力资源管理学会提出的人力资源专业人员胜任素质模型。

1.戴维·乌尔里奇等人的人力资源专业人员胜任素质模型研究

在人力资源专业人员胜任素质模型研究方面，戴维·乌尔里奇（Dave Ulrich）和韦恩·布鲁克班克（Wayne Brockbank）所领导的人力资源胜任素质研究（Human Re-source Competency Study）具有非常大的影响力。该模型包括五大类胜任素质，即战略贡献能力、个人可信度、经营知识、人力资源服务能力以及人力资源技术运用能力。第一，战略贡献能力是指人力资源管理者必须能够管理文化，为快速变革提供便利条件，参与战略决策。同时，它还要求人力资源专业人员必须能够创造"市场驱动的联通性"，不仅要关注"内部客户"，同时还要密切关注组织的"外部客户"。在人力资源专业人员对组织的经营业绩所做的贡献中，战略贡献能力占43%，几乎是其他胜任素质的2倍。第二，个人可信度是指人力资源专业人员在人力资源同事，以及作为其服务对象的直线管理人员心目中是值得信赖的。在这方面，人力资源专业人员不仅需要与本业务领域内外的关键人物建立有效的关系，而且要建立起可靠的追踪记录。此外，他们还必须掌握有效的书面和口头沟通技巧。第三，人力资源服务能力包括人员配置能力、开发能力、组织结构建设能力和绩效管理能力。其中，配置能力是指人力资源专业人员必须有能力吸引、晋升、保留员工，并能在必要时将某些员工安排到组织的外部。开发能力主要是指他们需要设计开发方案、提供职业规划服务以及为内部沟通过程提供便利。这里的开发对象既包括员工也包括组织。组织结构建设能力则是指重组组织流程、衡量人力资源管理实践对组织的影响，以及处理人力资源管理实践的全球化问题。第四，经营知识是指人力资源专业人员对于组织所处的业务领域以及行业的理解程度，最关键的知识领域包括对组织整体价值链（组织是如何进行横向整合的）和组织价值主张（组织是如何创造财富的）的理解。第五，人力资源技

[①] 吕萌.基于胜任力的人力资源管理模型的构建与价值分析[J].青年时代.2017,（26）.

术运用能力则是指人力资源专业人员在人力资源管理领域中运用各种技术的能力，以及利用电子化和网络化手段向客户提供价值服务的能力。这是因为在工作中技术已成为提供人力资源服务的重要载体。

该模型表明，人力资源专业人员必须具备与人打交道和与业务打交道两个方面的胜任素质。一个只强调人而忽略业务的人力资源专业人员可能会受到别人的喜欢和拥护，但是不会获得成功，这是因为他所做的工作并不能推动业务目标的实现。如果一个人力资源专业人员只关注业务，而对人的因素不够敏感，也不会取得成功，这是因为尽管他能够确保业务在短期内做得很好，但是人们不会长期帮助组织取得成功。基于人和业务两个维度，新的人力资源胜任素质模型主要包括可靠的行动者、文化和变革统管者、人才管理者/组织设计者、战略构建者、运营执行者、业务支持者六大类，这些胜任素质所要解决的分别是关系、流程和组织能力三个层面的问题。新模型特别强调，人力资源的胜任素质不仅仅是指知识，更重要的是运用这些知识的能力，即知道应当如何去做。

第一，可靠的行动者。它是指人力资源专业人员不仅要可靠（即能够赢得别人的尊重、赞赏，别人愿意倾听他们的意见），而且必须是积极的行动者（即提供意见和观点、表明立场、挑战假设）。可靠但不能采取行动的人力资源专业人员虽然会得到别人的赞赏，但是不能形成影响力；而那些积极采取行动但是并不可靠的人力资源专业人员，没有人会听他们的话。在这方面，人力资源专业人员需要以诚信的方式达到目的，分享信息、建立信任关系，以某种姿态（承受适度的风险、提供坦诚的评论、影响他人等）来完成人力资源工作。

第二，文化和变革统管者。它是指人力资源专业人员必须认识到并展现组织文化的重要性，同时帮助组织形成自己的文化。文化是一整套活动，而不是单个的事件。在理想状态下，文化首先应当从澄清组织外部客户的期望（组织的身份或品牌）入手，然后将这些期望转化为内部员工以及整个组织的行为。作为文化的统筹管理者，人力资源专业人员应当尊重组织过去的文化，同时帮助组织塑造新的文化。此外，成功的人力资源专业人员应该能够通过两种途径为组织变革提供便利条件：一是帮助组织形成文化，二是制定一系列的规章制度来推动变革在整个组织中发生。或者说，他们帮助组织将大家已经明白的事情转化为大家的实际行动。在这方面，人力资源专业人员需要为变革提供便利、构建文化、重视文化的价值、实现文化的个人化（帮助员工找到工作的意义、寻找管理工作和生活的平衡、鼓励创新等）。

第三，人才管理者/组织设计者。它是指人力资源专业人员必须掌握人才管理和组织设计方面的相关理论、研究成果以及管理实践。人才管理者关注的是胜任素质要求，以及员工是如何进入一个组织、在组织内晋升、跨部门调动或者离开组织的。组织设计者关注的则是一个组织是如何将各种能力（比如合作能力）嵌入到决定组织运行的结构、流程以及政策之中。人力资源既不是仅关注人才，也不是仅关注组织，而是同时关注两者。一个组织在缺乏组织支持的情况下，是无法长期留住优秀人才的；一个组织如果缺乏能够胜任关键角色的人才，则无法达成预期目标。人力资源专业人员需要保证组织当前以及未来的人才需要，积极开发人才优化组织结构，促进内部沟通，并设计合理的报酬体系等。

第四，战略构建者。它是指人力资源专业人员对于组织未来获得成功的方式应当有一个清晰的愿景，并且当组织在制定实现这一愿景的战略时，应当扮演积极的角色。这就意味着，人力资源专业人员必须能够认清业务发展的趋势以及他们可能对业务产生的影响，预见到组织在取得成功的过程中可能会遇到的潜在障碍；同时，还要在组织制定战略的过程中提供各种便利条件。此外，人力资源专业人员还应当通过将内部组织和外部客户的期望相联系的方式，为组织总体战略的制定贡献自己的力量。在这方面，人力资源专业人员需要保持战略灵活性，同时积极关注客户。

第五，运营执行者。它是指人力资源专业人员还应当承担在管理人和组织时需要完成的操作方面的事务。他们需要起草、修订以及实施各种政策。此外，员工也会产生很多行政管理方面的需要（比如领取薪酬、工作调动、雇佣手续办理、进行培训等）。人力资源专业人员必须通过技术、共享服务以及（或）外包等手段来确保员工的这些基本需要得到满足。如果人力资源专业人员能够高效且准确地完成这些操作性工作，并且保持政策应用的一致性，人力资源的操作性工作就会变得可靠。在这方面，人力资源专业人员应当执行工作场所的各种政策，同时推动与人力资源管理有关的各项技术进步。

第六，业务支持者。制定能够对组织外部的机会和威胁做出反应的目标，保证组织的经营取得成功。人力资源专业人员通过了解组织开展业务的社会背景或环境，为组织经营的成功做出贡献。他们还应当知道组织是怎样赚钱的，即企业的价值链。（谁是公司的客户？他们为什么要购买公司的产品或服务？）最后，他们还必须深刻理解组织经营中的各个方面（比如财务、市场、研发以及工程技术等），知道自己应当完成哪些工作任务，应该怎样协同完成工作，从而帮助组织盈利。在这方面，人力资源专业人员需要服务于价值链，解释组织所处的社会背景，明确组织的价值主张，以及充分发挥各种业务技术的作用。

2. 雷蒙德·诺伊等人的人力资源专业人员胜任素质模型研究

人力资源管理学者雷蒙德·诺伊等人也提出了包括人际关系能力、决策能力、领导能力以及技术能力在内的人力资源专业人员胜任素质模型。

（1）人际关系能力

人际关系能力是指理解他人并与他人很好地合作的能力。这种能力对于今天的人力资源管理工作者来说十分重要。人力资源管理者需要了解，在帮助组织赢得竞争优势时组织成员扮演的角色，同时还要了解组织的哪些政策、项目以及管理实践，能够帮助员工扮演好所需扮演的角色。此外，现代的人力资源专业人员还必须熟练掌握沟通、谈判以及团队开发方面的技能

（2）决策能力。

人力资源管理者必须做出各种类型的决策，这些决策会影响到员工能否胜任工作以及得到充分的激励，还会影响到组织能否高效运营。在那些要求人力资源部门扮演战略支持角色的组织中，人力资源决策者必须能够在战略问题上运用自己的决策能力。这就要求人力资源决策者必须拥有组织经营和业务方面的知识，同时有能力通过"成本—收益分析"为组织提供各种可能的选择。此外，在进行人力资源决策时，人力资源专业人员还必须考虑到各种可供选择的方案所体现的社会含义和伦理道德含义。

（3）领导能力

人力资源管理者在处理涉及组织的人力资源问题时，需要扮演领导角色。人力资源专业人员要想帮助组织管理好变革过程，就必须具有一定的领导力。这就需要人力资源管理者做好诊断问题、实施组织变革、评价变革结果的工作。由于变革往往会带来冲突、抵制以及思想混乱，人力资源专业人员必须有能力对整个变革过程进行监控，并提供各种工具来帮助组织克服变革所遇到的障碍，指导员工如何在新的条件下完成工作，同时激发员工的创造力。

（4）技术能力

这里的技术能力是指人力资源管理领域中的专业化技能，即人力资源专业人员需要掌握的人员配备、人力资源开发、报酬、组织设计等方面的知识。新的甄选技术、绩效评价方法、各种培训项目以及激励计划不断涌现，并且大多需要运用新的软件和计算机系统；此外，每年都会有新的法律出台，这就需要人力资源专业人员掌握这些法律的知识，这也是技术能力方面的要求。人力资源专业人员必须能够根据人力资源管理的基本原则和企业价值要求，对这些新技术进行认真细致的评价，以判断哪些技术对组织是有价值的。

3. 国际公共部门人力资源管理学会的人力资源专业人员胜任素质模型

国际公共部门人力资源管理学会提出的公共部门人力资源专业人员胜任素质模型一共包括22项。这些胜任素质与公共部门人力资源管理者所扮演的四种重要角色，即变革推动者、经营伙伴、领导者以及人力资源专家紧密相关。其中，人力资源专家角色所对应的能力只有一项，即通晓人力资源管理方面的各项法律和政策。

这些胜任素质的基本定义如下：

（1）理解公共服务环境的能力。能够跟踪可能会影响组织及其人力资源管理的各项政治和法律活动；理解通过政治过程产生的法律、法令以及法规的内容和

文字，确保组织的执行过程与法律和政治变革所要达成的目标保持一致。

（2）知晓组织使命的能力。能够理解组织存在的目的，包括其法律地位、客户、所提供的产品或服务，以及组织使命达成情况的衡量指标；能够在各项人力资源管理活动和使命的成功达成之间建立必要的联系；跟踪、了解可能会在未来对组织使命产生影响的各种因素。

（3）理解业务流程以及提高效率和有效性的能力。能从更高的组织经营角度来理解人力资源管理计划所要承担的职责；能够认识到变革的必要性，并且通过实施变革来提高组织的效率和有效性。

（4）理解团队行为的能力。能够运用团队行为方面的知识来帮助组织达成长期和短期的目标；同时跟踪了解能够运用于组织的各种最新的人员激励方法和团队工作方法。

（5）设计和实施变革的能力。能够意识到变革的潜在利益，并且创造支持变革的基本条件；对新的思想保持灵活性和开放性，鼓励其他人认可变革的价值。

（6）良好的沟通能力。能够清晰且具有说服力地表达思想、交换信息；能够基于组织的经营结果和目标，而不是人力资源管理的技术术语来进行交流；能够与组织各个层级的人员进行有效沟通。

（7）创新能力以及风险承担能力。具备超常规思考的能力，以及在使命需要的情况下，创造和表达超出现有政策范围的新方法的能力。

（8）评价和平衡具有竞争性的价值观的能力。根据组织使命的要求持续对当前和未来需要完成的各项工作进行评估，管理各种相互竞争的工作和各项工作任务安排；与高层管理者保持紧密联系，以确保理解组织要求优先完成的各项任务；向关键客户解释工作重点和优先顺序，以确保他们能够理解工作重点和有限顺序的决策过程。

（9）运用各项组织开发原则的能力。随时了解能够用于改进组织绩效的各种社会科学知识以及人类行为战略；制定有助于促进组织内部学习的战略；通过提供更多的建议，为员工个人的成长创造更多的机会。

（10）理解经营系统思维的能力。在人力资源管理的工作过程中能够运用整体性的系统思考方式；在向各类客户提供建议和解决方案时，确保考虑到各种内部和外部的环境因素。

（11）将信息技术运用于人力资源管理领域的能力。关注和了解对改善组织人力资源管理的效率和有效性存在潜在价值的已有技术或新技术的能力；在适当的时候提出在组织中采用新的人力资源信息技术的建议。

（12）理解客户和组织文化的能力。对客户组织的特点进行研究，以确保自己提出的帮助和咨询建议是恰当的；时刻关注文化差异，确保所提供的服务是符合客户文化要求的。

（13）良好的分析能力。对不同来源的数据和信息进行多重分析，并且得出符合逻辑的结论；能够认识到可以获得的数据和需要的数据之间存在的差距，并能提出其他获得所需数据的途径。

（14）通晓人力资源管理法律和政策的能力。跟踪、了解影响人力资源管理计划的各种法律法规；能够关注和运用这些法律法规的内容来帮助组织管理人力资源。

（15）咨询和谈判能力（含争议解决能力）。采取行动解决问题或协助解决问题；了解各种解决问题的技术，并且能够运用这些技术或建议。

（16）形成共识和建立联盟的能力。运用形成共识的能力在个人或群体之间达成合作；客观总结反对的观点；综合各种观点达成一个共同立场或一份协议；通过展现事实和说服力与管理者就分歧达成妥协；在意见出现分歧时形成一种替代性的方案；当正在采取的行动与法律要求或高层的政策要求不一致时，知道应当在何时以及如何将问题提交给更高级别的直线管理者；当一件事情关乎组织的使命或声誉的时候，能够坚持自己的立场。

（17）建立信任关系的能力。诚实正直并且能够通过展现专业行为来赢得客户的信任；及时、准确、完整地履行承诺；严守秘密、不滥用接触机密信息的特权。

（18）建立人力资源管理与组织使命和服务结果之间联系的能力。理解组织使命的需要及履行使命的人员需求。理解人力资源管理在组织中所扮演的角色，并调整自己的行为和工作方法，以保证和这种角色保持一致。

（19）客户服务导向。紧随组织氛围和使命所发生的变化，对客户的需求和关注点保持高度敏感；对客户需求和提出的问题以及关注的问题能够及时、准确地做出反应。

（20）重视和促进多元化的能力。能够理解一支多元化的员工队伍对于组织的潜在贡献；能够意识到人力资源管理流程对于组织多元化的潜在影响，确保多元化的需要能够得到重视。

（21）践行并推动诚实和道德行为。以建立并维护信任为基础采取行动；公平、礼貌、有效地对客户的需求做出反应，无论他们在组织中所处的位置和层级。

（22）营销和代表能力。就为何实施某些项目或采取某些行动以及可能达成的有利结果等事宜说服内部和外部客户；总结对某一个问题的正反两方面意见，说服相关各方采用最有利的行动方案；确保客户能够意识到人力资源管理角色的重要性。

第二节 人力资源管理职能的优化

一、循证人力资源管理

(一) 循证人力资源管理的内涵

目前,企业已经充分认识到,人力资源管理对于组织战略目标的实现和竞争优势的获得具有的重要战略作用。不仅是人力资源专业人员,组织内各级领导者和管理者在人力资源管理方面投入的时间、精力、金钱也逐渐增多。组织期望自己的人力资源管理政策和实践能够帮助自己吸引、招募和甄选到合适的员工,进行科学合理的职位设计和岗位配备,实现高效的绩效管理和对员工的薪酬激励等。然而,随着人力资源管理投入的不断增加,企业也产生了一些困惑。其中的一个重要疑问是,这些人力资源管理政策、管理活动以及资金投入是否产生了合理的回报、达到了预期的效果?这就需要对组织的人力资源管理活动进行科学的研究和论证,以可靠的事实和数据来验证人力资源管理的有效性,并据此不断实施改进。我们不能仅仅满足于一般性的人力资源管理潮流、惯例,甚至各种似是而非的"说法"。这种做法被称为"循证人力资源管理",又被译为"实证性人力资源管理",即基于事实的人力资源管理。

循证的实质是强调做事要基于证据,而不是模糊的设想或感觉等。循证管理的中心思想就是要把管理决策和管理活动建立在科学依据之上,通过收集、总结、分析和应用最佳、最合适的科学证据来进行管理,对组织结构、资源分配、运作流程、质量体系和成本运营等做出决策,不断提高管理效率。

循证人力资源管理实际上是循证管理理念在人力资源管理领域的一种运用。它是指运用数据、事实、分析方法、科学手段、有针对性的评价以及准确的案例研究等,为人力资源管理方面的建议、决策、实践以及结论提供支持。简言之,循证人力资源管理就是审慎地将最佳证据运用于人力资源管理实践的过程。循证人力资源管理的目的,就是要确保人力资源管理部门的管理实践对组织的收益或者其他利益相关者(员工、客户、社区、股东)产生积极的影响,并且能够证明这种影响的存在。循证人力资源管理通过收集关于人力资源管理实践与生产率、流动率、事故数量、员工态度以及医疗成本之间的关系的数据,向组织表明人力资源管理确实能对组织目标的实现做出贡献,它对组织的重要性实际上和财务、研发以及市场营销等是一样的,组织对人力资源项目进行投资是合理的。从本质上说,循证人力资源管理代表的是一种管理哲学,即用可获得的最佳证据来代替陈旧的知识、个人经验、夸大的广告宣传、呆板的教条信念以及盲目的模仿,摒弃"拍脑袋决策"的直觉式思维，使人力资源决策牢固建立在实实在在的证据之上，同时证明人力资源管理决策的有效性。

在对很多组织的人力资源管理实践进行考察后不难发现，很多人力资源管理决策都缺乏科学依据，往往依靠直觉和经验行事，这不仅难以保证人力资源决策本身的科学合理，同时也无法证明或者验证人力资源管理活动对于组织的战略和经营目标实现做出的实际贡献，导致人力资源管理在很多组织中处于一种比较尴尬的境地。因此，学会基于事实和证据来实施各项人力资源管理活动，可以产生两个方面的积极作用：一是确保并向组织中的其他人证明人力资源管理确实在为组织的研发、生产、技术、营销等方面提供有力的支持，而且对组织战略目标的实现做出了实实在在的贡献；二是考察人力资源管理活动在实现某些具体目标和有效利用预算方面取得的成效，从而不断改善人力资源管理活动的效率和效果。

（二）循证人力资源管理的路径

人力资源管理者在日常工作中要如何实现循证人力资源管理呢？总的来说，如果人力资源管理者在日常管理实践中注意做好以下四个方面的工作，将有助于贯彻循证人力资源管理的理念，提高人力资源管理决策的质量，增加人力资源管理对组织的贡献。

1. 获取和使用各种最佳研究证据

最佳研究证据是指经过同行评议或同行审查质量最好的实证研究结果，这些结果通常是公开发表的并且经过科学研究的证据。在科学研究类杂志（主要是符合国际学术规范的标准学术期刊）上发表的文章，都是按照严格的实证标准要求并经过严格的评审的，因此，这类研究成果必须达到严格的信度和效度检验要求。例如，在一项高质量的实证研究中，想要研究绩效标准的高低对员工绩效的影响，通常会使用一个控制组（或对照组），即在随机分组的情况下，要求两个组完成同样的工作任务（对实验组的绩效标准要求较高），然后对比两组的实际绩效水平差异。而在另外一些情况中，则需要采取时间序列型的研究设计。例如，在考察晋升决策对员工工作状态的影响时，可以在晋升之前对晋升候选人的工作积极性或绩效进行评估；在晋升决策公布之后，再次考察这些人的工作积极性或工作绩效。当然，有时无法在理想状态下进行实证研究，但能够控制住一些误差（尽管不能控制所有误差）的实证研究也具有一定的价值。这种证据对于改进人力资源决策质量会有一些好处，不过最好能搞清楚哪些证据是可用的，以及应当如何使用这些证据。

2. 了解组织实际情况，掌握各种事实、数据以及评价结果

要系统地收集组织的实际状况、数据、指标等信息，确保人力资源管理决策或采取的行动建立在事实基础之上。即使是在使用上文最佳实证研究证据时，也

必须考虑到组织的实际情况，从而判断哪些类型的研究结果是有用的。总之，必须将各种人力资源判断和决策建立在尽可能全面和准确把握事实的基础之上。例如，当组织希望通过离职面谈发现导致近期员工流动的主要原因，而很多离职者都提到了组织文化和领导方式的问题时，人力资源管理人员就应当继续挖掘，搞清楚到底是组织文化和领导方式中的哪些特征造成了员工流失。只有发现了某种情况的具体事实，才能轻松找到适当的证据来确认导致问题出现的主要原因，同时制定并落实解决该问题的措施。关于组织实际情况的事实，既可能会涉及相对软性的因素，如组织文化、员工的教育水平、知识技能以及管理风格等，也可能会涉及比较硬性的因素，如部门骨干员工流动率、工作负荷以及生产率等。

3. 利用人力资源专业人员的科学思考和判断

人力资源专业人员可以借助各种有助于减少偏差，提高决策质量，能够实现长期学习的程序、实践以及框架的支持，做出科学的分析和判断。有效证据的正确使用，不仅有赖于与组织的实际情况相关的高质量科学研究结果，还有赖于人力资源决策过程。这是因为证据本身并非问题的答案，需要放在某个具体的情况中考虑，即要想做出明智的判断和高质量的人力资源决策，还需要对得到的相关证据和事实进行深入的思考，不能拿来就用。但问题在于，由于所有人都会存在认知局限，在决策中不可避免地存在各种偏差。这就需要采取一些方法和手段帮助我们做出相对科学和客观的决策。幸运的是，在这方面，一些经过论证以及实际使用效果很好的决策框架或决策路径，能够提醒决策者注意到一些很可能会被忽视的特定的决策影响因素。例如，一个组织正在设法改进新入职员工的工作绩效。多项实证研究结果表明，在其他条件一定的情况下，在通用智力测试中得分较高的人的工作绩效也较好。那么，让所有的求职者参加通用智力测试能否确定员工入职后的绩效呢？显然不一定。如果这些求职者是最好的学校中成绩最好的毕业生，那么，这种测试实际上已经暗含在组织的甄选标准中。在这种情况下，人力资源管理人员就要判断，影响新入职员工绩效的还有哪些因素，如他们是否具备特定职位所要求的特定技能；是否存在需要解决的某种存在于工作环境之中的特定绩效问题，如上级的监督指导不够、同事不配合等。总之，在批判性思考的基础上仔细对情境因素进行分析，找到一个能够对各种假设进行考察的决策框架，了解事实和目标等，将有助于得出更为准确的判断和解释。

4. 考虑人力资源决策对利益相关者的影响

人力资源管理者在进行人力资源决策时，必须考虑到伦理道德层面的因素，权衡决策对利益相关者和整个社会可能产生的短期和长期影响。人力资源决策和人力资源管理实践，对于一个组织的利益相关者会造成直接和间接的后果。这些后果不仅会对普通员工产生影响，而且会对组织的高层和中层管理人员产生影响，同时还有可能会对组织外部的利益相关者，如供应商、股东或者普通公众产生影响。例如，组织的人力资源招募和甄选政策会对不同的求职者产生不同的影响，这些影响有正面的也有负面的。例如，某种测试工具导致某类求职者的总体得分低于其他求职者群体，但是这种测试工具却与求职者的工作绩效没有太大关系，则应当舍弃这种测试工具。再比如，一个组织经过研究可能会发现，女性员工的晋升比率远远低于男性，因为女性员工的工作绩效评价结果通常低于从事同类工作的男性。但导致这一问题的原因是组织的绩效评价体系存在问题，导致女性员工的工作绩效受到评价者主观偏见等误差的影响。那么，组织应当考虑对绩效评价体系进行改进，确保晋升决策基于客观的事实。总之，对各种利益相关者的关注，是考虑周全且基于证据的人力资源决策的重要特征之一。它有助于避免人力资源决策在无意中对利益相关者造成不必要的伤害。

（三）人力资源管理职能的有效性评估

循证人力资源管理一方面要求组织的人力资源管理决策和人力资源管理实践应当建立在事实和数据的基础之上，另一方面还要求对人力资源管理职能的有效性进行评估。评估组织的人力资源管理职能的有效性有两种方法，即人力资源管理审计法和人力资源管理项目效果分析法。

1. 人力资源管理审计

在人力资源管理领域，以数字为基础的分析常常始于对本组织内人力资源管理活动进行人力资源管理审计。人力资源管理审计是指按照特定的标准，采用综合研究分析方法，对组织的人力资源管理系统进行全面检查、分析与评估，为改进人力资源管理功能提供解决问题的方向与思路，从而为组织战略目标的实现提供科学支撑。作为一种诊断工具，人力资源管理审计能够揭示组织人力资源系统的优势与劣势以及需要解决的问题，帮助组织发现缺失或需要改进的功能，支持组织根据诊断结果采取行动，最终确保人力资源管理职能最大限度地为组织使命和战略目标做出贡献。

人力资源管理审计通常可以划分为战略性审计、职能性审计和法律审计三大类。其中，战略性审计主要考察人力资源管理职能否成为企业竞争优势的来源，以及对组织总体战略目标实现的贡献程度；职能性审计旨在帮助组织分析各种人力资源管理职能模块或政策的执行效率和效果；而法律审计则比较特殊，它的主要作用在于考察组织的人力资源管理活动是否遵循了相关法律法规。

人力资源管理中的法律审计在西方发达国家受到高度重视，这是因为如果一个组织的人力资源管理活动出现了违反法律规定的情况，就可能会使组织面临巨额的经济惩罚。在我国，除了一些出口企业由于受到国际规则的限制而不得不对人力资源管理活动的合法性和合规性进行审计和报告外，绝大部分的企业还没有开始对自己的人力资源管理系统实施法律审计，部分企业的法律意识还比较淡漠。

随着我国相关劳动法律体系的健全以及执法力度的加强，企业因为人力资源管理活动或政策不合法遭受的损失会越来越大。在这种情况下，企业必须重视对本企业人力资源管理政策和实践进行法律审计，以确保人力资源活动的合法性。以招募和甄选过程中的法律审计为例，企业首先需要对组织的招聘政策、招聘广告、职位说明书、面试技术等关键环节的内容进行详细、客观地描述，然后再根据这些内容来寻找相关的法律条款（如我国颁布的《中华人民共和国劳动法》及其配套法律法规等），将自己的管理实践与法律规定进行对比审计分析，在必要时根据法律要求和自身情况做出调整和改进。这样的审计过程能够使企业在很大程度上避免因违反相关法律法规造成的直接和间接损失，这是人力资源管理职能能够为组织做出的一种非常直接的贡献。

人力资源管理审计的考察内容，通常是人力资源管理对于组织的整体贡献，以及各人力资源管理职能领域的工作结果，即以战略性审计和职能性审计居多。其中，战略性审计主要考察人力资源管理对组织的利润、销售额、成本、员工的离职率和缺勤率等整体性结果产生的影响，而职能性审计则是通过收集一些关键指标来衡量组织在人员的招募、甄选与配置、培训开发、绩效管理、薪酬管理、员工关系、接班计划等领域的有效性。关于人力资源管理审计中的战略性审计和职能性审计所使用的指标问题，因为不同组织审计的出发点不同，以及各个组织的行业特点存在差异，所以，审计指标的选取以及指标的详细程度也会有所差异。

在确定了人力资源管理审计使用的绩效衡量指标之后，相关人员就可以通过收集信息来进行审计了。关键经营指标方面的信息可以在组织的各种文件中查到，但有时人力资源部门为了收集某些特定类型的数据，不得不创建一些新的文件，如人力资源管理审计通常都会对人力资源管理职能所要服务的相关客户（主要是组织的高层管理人员、各级业务部门负责人以及普通员工等）的满意度进行调查和评估。其中，员工态度调查或满意度调查能够提供一部分内部客户的满意度信息，而对组织高层直线管理人员的调查，则可以为判断人力资源管理实践对组织的成功经营所起到的作用提供信息。此外，为了从人力资源管理专业领域的最佳实践中获益，组织还可以邀请外部的审计团队对某些具体的人力资源管理职能进行审计。现在，随着信息化员工数据库以及相关人力资源管理信息系统的建立，人力资源管理审计所需要的关键指标的收集、存储、整理以及分析工作越来越容易，很多满意度调查也可以通过网络来完成。这些情况有助于推动企业通过实施人力资源管理审计来提高人力资源管理政策和实践的效率及有效性。

2. 人力资源管理项目效果分析

衡量人力资源管理有效性的另一种方法是对某项具体的人力资源管理项目或活动进行分析。对人力资源管理项目进行评价的方式有两种：一种是以项目或活动的预期目标为依据来考察某一特定的人力资源管理方案或实践（比如某个培训项目或某项新的薪酬制度）是否达到了预定的效果；另一种是从经济的角度来估计某项人力资源管理实践可能产生的成本和收益，从而判断其是否为组织提供了价值。

企业在制订一项培训计划的时候，通常会同时确定期望通过这个计划达成的目标，如通过培训，在学习层、行为层以及结果层（绩效改善）等方面产生效果。于是，人力资源管理项目分析就会衡量该培训计划是否实现了之前设定的目标，即培训项目对于受训者的学习、行为以及工作结果到底产生了怎样的影响。例如，一家公司在设计一个培训项目时，将目的定位于帮助管理人员将领导力水平提升到某个既定的层次。那么，在培训结束之后，它就会评价这项培训计划是否实现了之前确定的目标，即对培训计划的质量进行分析。于是，该公司在培训计划刚刚结束时，要求受训者对自己的培训经历进行评价。几个月后，培训部门还会对受训者在培训结束后的实际领导绩效进行评估。此外，员工对于公司整体领导力所做的评价也可以用来衡量这些管理人员培训计划的效果。

另一方面，对上述培训项目还可以采用经济分析的方法，即在考虑与培训项目有关的成本的前提下，对该培训项目所产生的货币价值进行评估。这时，企业并不关心培训项目到底带来了多大变化，只关心它为组织贡献的货币价值（收益和成本之间的差异）大小。这些人力资源管理项目的成本包括员工的薪酬以及实施培训、员工开发或者满意度调查等人力资源管理计划所支付的成本；收益则包括与员工的缺勤率和离职率相关的成本下降，以及与更好的甄选和培训计划有关的生产率上升等。显然，成功的人力资源管理项目所产生的价值应当高于其成本，否则这个项目从经济上来说就是不合算的。

在进行成本——收益分析时，可以采取两种方法，即人力资源会计法和效用分析法。人力资源会计法试图为人力资源确定货币价值，就像为物力资源（比如工厂和设备）或经济资源（比如现金）定价一样，它要确定薪酬回报率、预期薪酬支付的净现值以及人力资本投资收益率等。而效用分析法则试图预测员工的行为（比如缺勤、流动、绩效等）所产生的经济影响，如员工流动成本、缺勤和病假成本、通过甄选方案获得的收益、积极的员工态度所产生的效果、培训项目的财务收益等。与审计法相比，人力资源管理项目分析法的要求更高，因为它要求必须得到较为详细的统计数据，所需费用也较多。

二、优化人力资源管理职能的方式

为了提高人力资源管理职能的有效性，组织可以采取结构重组、流程再造、人力资源管理外包以及人力资源管理电子化等几种不同的方式。

(一)人力资源管理结构重组

传统的人力资源管理结构主要围绕员工配置、培训、薪酬、绩效以及员工关系等人力资源管理的基本职能,是一种典型的职能分工形式。这种结构的优点是分工明确、职能清晰,但是问题在于,人力资源部门只了解组织内部全体员工某一个方面的情况,如员工所受过的培训或员工的薪酬水平、绩效状况等,但对某一位员工尤其是核心员工的各种人力资源状况没有整体性的了解,导致人力资源部门在吸引、留住、激励以及开发人才方面为组织做出的贡献大打折扣;同时,由于各个人力资源管理的职能模块各行其是,人力资源管理职能之间的匹配性和一致性较差,无法满足战略性人力资源管理的内部契合性要求,从而使人力资源管理工作的整体有效性受到损害。因此,越来越多的组织认识到,传统的人力资源部门结构划分需要重新调整。

近年来,很多大公司都开始实施一种创新型的人力资源管理职能结构。在这种结构中,人力资源管理的基本职能被有效地划分为三个部分:专家中心、现场人力资源管理者以及服务中心。专家中心通常由招募、甄选、培训及薪酬等传统人力资源领域中的职能专家组成,他们主要以顾问的身份来开发适用于组织的各种高水平人力资源管理体系和流程。现场人力资源管理者由人力资源管理多面手组成,他们被分派到组织的各个业务部门,具有双重工作汇报关系,既要向业务部门的直线领导者报告工作,又要向人力资源部门的领导报告工作。这些现场人力资源管理者主要承担两个方面的责任:一是帮助自己所服务的业务部门的直线管理者从战略的高度来强化人的问题,解决作为服务对象的特定业务部门中出现的各类人力资源管理问题,相当于一个被外派到业务部门的准人力资源经理;二是确保人力资源管理决策能够在整个组织得到全面、有效的执行,从而帮助组织强化贯彻执行战略的功能。最后,在服务中心工作的人的主要任务是确保日常的事务性工作能够在整个组织中有效完成。在信息技术不断发展的情况下,服务中心能够非常有效地为员工提供服务。

这种组织结构安排通过专业化的设置改善了人力资源服务的提供过程,真正体现了以内部客户为导向的人力资源管理思路。专家中心的员工可以不受事务性工作的干扰,专注于开发自己现有的职能性技能。现场人力资源管理者则可以集中精力来了解本业务部门的工作环境,不需要竭力维护自己在专业化职能领域中的专家形象。同时,服务中心的员工可以把主要精力放在为各业务部门提供基本的人力资源管理服务方面。

此外,从激励和人员配备的角度来看,这种新型的人力资源部门结构设计方式也具有优点。过去,由于人力资源管理职能是按模块划分的,每一位人力资源管理专业人员都陷入了本职能模块必须完成的事务性工作。尽管在一些人力资源管理专业人员的工作中,有一小部分需要较高水平的专业知识和技能才能完成的工作，但是大部分工作都属于日常事务性工作，导致一些人力资源管理工作者感觉工作内容枯燥，缺乏挑战性。新型的人力资源部门结构，根据工作内容的复杂性和难度设计的三层次人力资源部门结构，可以让相当一部分人力资源管理专业人员摆脱日常事务性工作的束缚，集中精力做专业性的工作；同时还可以让一部分高水平的人力资源管理工作者完全摆脱事务性的工作，发挥他们在知识、经验和技能上的优势，重点研究组织在人力资源管理领域中存在的重大问题，从而为人力资源管理职能的战略转型和变革打下良好的基础。这无疑有助于组织的人力资源管理达到战略的高度，同时也有利于增强对高层次人力资源管理专业人员的工作激励。

（二）人力资源管理流程再造

流程是指一组能够一起为客户创造价值的相互关联的活动进程，是一个跨部门的业务行程。流程再造，也称"业务流程再造"（BPR），是指对企业的业务流程尤其是关键或核心业务流程进行根本的再思考和彻底的再设计，其目的是使这些工作流程的效率更高，生产出更好的产品或提高服务质量，同时更好地满足客户需求。虽然流程再造常常需要运用信息技术，但信息技术并不是流程再造的必要条件。从表面上看，流程再造只是对工作流程的改进，但实际上对员工的工作方式和工作技能等方面都提出了全新的挑战。因此，组织的业务流程再造过程需要得到员工的配合并做出相应的调整，否则很可能会以失败告终。

流程再造的理论与实践起源于20世纪80年代后期，当时的经营环境以客户、竞争以及快速变化等为特征，而流程再造正是企业为最大限度地适应这一时期的外部环境变化而实施的管理变革。它是在全面质量管理、精益生产、工作流管理、工作团队、标杆管理等一系列管理理论和实践的基础上产生的，是很多国家在此前已经运行了100多年的专业分工细化及组织科层制的一次全面反思和大幅改进。

流程再造不仅可以对人力资源管理中的某些具体流程，如招募甄选、薪酬调整、员工离职手续办理等进行审查，还可以对某些特定的人力资源管理实践，如绩效管理系统进行审查。在大量的信息系统运用于组织的人力资源管理实践的情况下，很多流程都需要进行优化和重新设计。在进行流程再造时，可以先由人力资源部门的员工对现有的流程进行记录、梳理和研究，然后由公司的高层管理人员、业务部门管理人员以及人力资源专业人员共同探讨，确定哪些流程有改进的必要。流程再造经常会用到人力资源管理方面的信息技术，大量的人力资源管理软件以及共享数据库，为人力资源管理的流程再造提供了前所未有的便利。流程再造以及新技术的应用能够带来简化书面记录工作、减少多余工作步骤、使手工流程自动化以及共享人力资源数据等多方面的好处，不仅可以使企业节约在人力资源管理方面花费的时间，还能降低成本，提高人力资源工作的效率以及有效性。

（三）人力资源管理外包

除了通过内部的努力来实现人力资源管理职能的优化，很多企业近年来还探讨了如何通过外包的方式，来改善人力资源管理的系统、流程以及服务的有效性。外包通常是指一个组织与外部的专业业务承包商签订合同，让它们为组织提供某种产品或者服务，而不是用自己的员工在本企业内部生产这种产品或服务。

很多组织选择将部分人力资源管理活动或服务外包的主要原因有以下四点：

第一，与组织成员自己完成外包的工作内容相比，外部的专业化生产或服务提供商能够以更低的成本提供某种产品或服务，从而使组织可以通过外购服务或产品降低生产或管理成本。

第二，外部的专业业务承包商有能力比组织自己更有效地完成某项工作。之所以出现这种情况，是因为这些外部服务提供者通常是某一方面的专家。由于专业分工的优势，它们能够建立和培育起一系列可以适用于多家企业的综合性专业知识、经验和技能，因此这些外部生产或服务承包商所提供的产品或服务的质量往往较高。但事实上，很多组织一开始都是出于效率方面的考虑才寻求业务外包的。

第三，人力资源管理服务外包有助于组织内部的人力资源管理工作者集中精力做好对组织具有战略意义的人力资源管理工作，摆脱日常人力资源管理行政事务的困扰，从而使人力资源管理职能对组织的战略实现做出更大、更显著的贡献，真正进入战略性人力资源管理的层次。

第四，有些组织将部分人力资源管理活动外包是因为组织本身规模较小，没有能力自行完成相关的人力资源管理活动，只能借助外部的专业化人力资源管理服务机构来提供某些特定的人力资源管理服务，如建立培训体系、设计培训课程等。

那么，哪些人力资源活动会被外包出去呢？最初，企业主要将人力资源管理中的一些事务性工作外包出去，如招募和甄选的前期工作、一些常规性的培训项目、养老金和福利的管理等。现在，许多传统性人力资源管理活动，以及一些变革性人力资源管理活动也开始被企业外包出去。有些企业甚至将人力资源管理中50%～60%的成本和职责都外包出去，只把招募高层管理人员和大学毕业生的工作以及人力资源的战略管理工作留在组织内部完成。需要注意的是，虽然人力资源管理活动的外包可以帮助组织节约时间和成本，为组织提供最优的人力资源管理实践，改善组织为员工提供的各种人力资源管理服务的质量，使组织能够将精力集中在自己的核心经营活动上，但是，走这种道路的很多公司在将来也许会面临许多潜在的问题。这些问题主要表现在以下几个方面：

首先，成本节约在短期内可能不会实现。这是因为，这些将人力资源业务外包出去的公司，不仅要设法处理好与外部伙伴之间的合作关系，同时还要重新思考战略性人力资源管理在公司内部扮演的角色。虽然，将人力资源管理中的一些行政职能外包可，以使人力资源专业人员将更多的精力集中于战略性人力资源管理活动上，但是，企业中现有的人力资源专业人员可能并不具备做出战略贡献的能力。因此，企业还必须在提升现有人力资源专业人员的水平方面进行投资。其次，将人力资源管理业务外包的企业，可能会对某个单一外部服务提供者产生依赖，这会促使外部供应商提高服务成本。此外，组织和外部服务提供者可能会在由谁占据主导地位的问题上产生冲突。最后，人力资源管理外包可能会向员工发出错误的信号，即员工可能会认为，公司将大部分人力资源职能外包出去代表着公司并不重视人的问题。

人力资源管理外包服务的上述潜在问题，提醒企业在实施人力资源管理服务外包的时候，必须充分考虑外包的成本和收益，以及可能出现的各种问题。目前，我国出现了一批专业化的人力资源管理外包服务提供商，可以提供从人员招募甄选、员工培训、薪酬福利管理到外派员工管理、劳务派遣、劳动合同管理等各种人力资源管理外包服务，但是，不同企业的服务水平参差不齐。企业在选择人力资源管理服务提供商的时候，要综合考虑其资质、服务能力、业务专长、未来服务的可持续性，并就相关的人力资源数据保密等问题签订相关的协议，以确保数据的安全以及保护员工隐私。

尽管人力资源管理服务外包存在上述潜在问题，但人力资源外包的趋势并没有发生改变。这种情况提醒组织内部的人力资源管理者必须不断提升战略性人力资源管理方面的技能，否则，将来很可能会因为自己所从事的工作被外包出去而失去工作岗位。

（四）电子化人力资源管理

在提升人力资源管理的效率和有效性方面，计算机、互联网以及相关的一系列新工具和新技术发挥着非常重要的作用。不仅如此，信息技术的发展还为人力资源管理职能朝战略和服务方向转型提供了极大的便利。人力资源管理应用信息技术实际上经历了三个阶段，一是人力资源信息系统阶段，二是人力资源管理系统阶段，三是电子化人力资源管理阶段。

1. 人力资源信息系统阶段

人力资源信息系统（HRIS）是在组织从事人力资源管理活动的过程中，对员工及其从事的工作等方面的信息进行收集、保存、分析和报告的系统。人力资源信息系统早期主要是对员工个人的基本情况、教育状况、技能经验、所在岗位、薪酬等级以及家庭住址、紧急联络人等基本信息加以整理和记录的系统。后来，在这些基本的人事管理信息模块的基础上，又逐渐扩展了出勤记录、薪酬计算、福利管理等基本人力资源管理功能方面。可以说，人力资源信息系统是一个人力资源管理辅助系统和基础性的人力资源管理决策支持系统，它可以随时提供组织的人力资源决策所需要的各项基础数据以及基本的统计分析功能。随着计算机的普及，几乎所有的企业都采用了人力资源信息系统。

对于大企业来说，由于员工人数众多，数据量较大，需要的计算和统计以及查询的人力资源信息非常多，通过计算机存储人力资源信息显然是非常必要的。在人力资源信息系统中有一个关联性数据库，即将相关的人力资源信息存储在不同的文件之中，但是这些文件可以通过某些共性要素或字段（比如姓名、员工号、身份证号码等）连接在一起。例如，员工的个人信息、薪酬福利信息以及培训开发信息分别保存在不同的文件中，可以通过员工姓名将不同文件中的信息联系在一起，在进行人力资源管理活动时就可以随时取用和合并相互独立的员工信息资料。

2. 人力资源管理系统阶段

人力资源管理系统（HRMS）是在人力资源信息系统上进一步发展而来的。这种系统在传统的人事信息管理模块、员工考勤模块以及薪酬福利管理模块等一般性人力资源管理事务处理系统的基础上不断扩展，涵盖了职位管理系统、员工招募甄选系统、培训管理系统、绩效管理系统、员工职业生涯规划系统等几乎所有人力资源管理的职能模块。此外，人力资源管理系统是以互联网为依托的，属于互联网时代的人力资源管理信息系统。它从科学的人力资源管理角度出发，从企业的人力资源规划开始，记录了包括个人基本信息、招募甄选、职位管理、培训开发、绩效管理、薪酬福利管理、休假管理、入职离职管理等基本的人力资源管理内容，能够使组织的人力资源管理人员从繁琐的日常工作中解脱出来，将精力放在更加富有挑战性和创造性的人力资源管理活动上，如分析、规划、员工激励以及战略执行等工作。

总体来说，人力资源管理系统除了具备人力资源信息系统的日常人力资源管理事务处理功能之外，还增加了决策指导系统和专家系统。首先，日常事务处理系统主要是指在审查和记录人力资源管理决策与实践需要用到的一些计算和运算，包括对员工工作地点的调整、培训经费的使用、课程注册等方面的记录以及填写各种标准化的报告。其次，决策支持系统主要用来帮助管理人员针对相对复杂的人力资源管理问题提供解决方案。这个系统常常包括"如果……那么……"这一类的字句，使该系统的使用者可以看到，当假设或数据发生改变时，结果会出现怎样的变化。例如，当企业需要根据人员流动率或劳动力市场上某种类型的劳动力的供给量，来决定需要雇用多少位新员工时，决策支持系统就能够给企业提供很大的帮助。最后，专家系统是通过整合某一领域中具有较丰富专业知识和经验的人所遵循的决策规则形成的计算机系统。这一系统能够根据使用者提供的信息向他们提出比较具体的行动建议。该系统所提供的行动建议往往都是现实中的人力资源专家在类似的情形下可能会采取的行动。例如，在与一位员工进行绩效面谈时，如果员工情绪激动或者不认可领导做出的绩效评价结果，那么专家系统就会为主持面谈的管理者提供适当的解决方案。

3. 电子化人力资源管理阶段

电子化人力资源管理（e-HR）是指基于先进的软件、网络新技术以及高速且容量大的硬件，借助集中式的信息库、自动处理信息、员工自助服务以及服务共享等方式，实施人力资源管理的一种新型人力资源管理实践。它能够起到降低成本、提高效率以及改进员工服务模式的作用。总体来说，电子化人力资源管理实际上是一种电子商务时代的人力资源管理综合解决方案，它包含"电子商务""互联网""人力资源管理业务流程再造""以客户为导向""全面人力资源管理"等核心理念，综合利用互动式语音技术、国际互联网、客户服务器系统、关联型数据库、成像技术、专业软件开发、可读光盘存储器技术、激光视盘技术、呼叫中心、多媒体、各种终端设备等信息手段和信息技术，极大地方便了人力资源管理工作的开展，同时为各级管理者和广大员工参与人力资源管理工作以及享受人力资源服务提供了很大的便利。人力资源信息系统、人力资源管理系统只是电子化人力资源管理得以实现和运行的软件平台和信息平台，这些平台在集成之后，以门户的形式表现出来，再与外部人力资源服务提供商共同构成电子商务网络，如电子化学习系统、电子化招募系统、在线甄选系统、在线人力资源开发系统、在线薪酬管理系统等。

从电子商务的角度来讲，电子化人力资源管理包括需要通过网络平台和电子化手段处理的三大类关系：企业与员工之间的关系、企业与企业之间的关系以及企业与政府之间的关系。首先是 BC（即 Business to Consumer，从企业到客户）。在人力资源管理领域，"consumer"（客户）是指包括各级管理者和普通员工在内的"employee"（雇员），从而演变成了 BE，这与在企业人力资源管理和开发活动中将员工视为活动指向的客户的观点是一致的。通过网上的互动，我们可以完成相关人力资源事务的处理或交易，使员工可以像客户一样从网络获得人力资源部门提供的产品和服务。其次是 B2B（即 Business to Business，从企业到企业）。在 B2B 中，其中一个企业是指组织，另外一个是指外部人力资源管理服务提供商，即组织可以通过电子化人力资源管理平台，以在线的方式从专业化的外部人力资源管理服务提供商，如咨询公司、各类招聘网站、电子化学习服务提供商处购买各类人力资源管理服务。最后是 BG（即 Business to Government，从企业到政府）。电子化人力资源管理可以帮助企业处理与政府、劳动力市场以及劳资关系和社会保障等事务的主管部门发生的业务往来，通过这种方式，我们可以将原来通过书面或人工方式实现的往来业务转移到网上自动处理，如各项劳动保险的办理、劳动合同和集体合同的审查等。

总的来说，电子化人力资源管理可以给组织带来以下四个方面的好处。一是提高人力资源管理的效率以及节约管理成本。相比传统手工操作的人力资源管理，电子化人力资源管理的效率显然要高得多。电子化人力资源管理是一种基于互联网和内联网的人力资源管理系统，公司的各种政策、制度、通知等都可以通过网络渠道发布；很多日常人力资源管理事务，如薪酬的计算发放、所得税的扣缴以及各种人力资源报表的制作等，都可以通过系统自动完成，并且员工和各级管理人员也可以通过系统自主查询自己需要的各种人力资源信息，或者自行注册自己希望得到的各种人力资源服务（比如希望参与的培训项目或希望享受的福利计划等）。与此同时，人力资源管理活动或服务所占用的组织人员数量和工作时间大幅减少，管理成本也大幅降低，尤其是那些员工分散在全球各地的全球性或国际化企业。

二是提高人力资源管理活动的标准化和规范化水平。电子化人力资源管理通常是对数据进行集中式管理，将统一的数据库放在客户服务器上，然后通过全面的网络工作模式实现信息共享。这样一来，得到授权的客户就可以随时随地地接触和调用数据库中的信息。此外，在电子化人力资源管理中，很多人力资源管理实践都建立在标准的业务流程基础之上。它要求使用者的个人习惯服从于组织的统一管理规范，这对实现人力资源管理行为的一致性非常有帮助。这种信息存储和使用模式不仅可以使人力资源管理活动和服务可以跨时间、跨地域进行，也能够确保整个组织的人力资源管理信息和人力资源管理过程的规范性、一致性，同时还提升了人力资源管理工作的透明度和客观性，有助于避免组织因为个人的因素陷入法律诉讼，确保公平对待，提升员工的组织承诺度和工作满意度。

三是彻底改变人力资源部门和人力资源专业人员的工作重心。在传统的人力资源管理方式下，人力资源部门和人力资源专业人员大量从事行政事务性工作，其次是职能管理类工作，而在战略性工作方面花费的时间很少。在电子化人力资源管理的环境下，人力资源工作者将工作重心放在帮助企业在人员管理上提供管理咨询服务，而行政事务性工作被电子化、自动化的管理流程取代，甚至过去大量的数据维护工作，也可以在授权后由直线经理与员工分散完成。电子化人力资源管理推动了人力资源职能的变革进程，使人力资源部门和人力资源管理工作者能够真正从繁琐的日常行政事务中解脱出来，使他们从简单的人力资源信息和日常性人力资源服务的提供者，转变为人力资源管理的知识和解决方案提供者，能够随时随地为领导层和管理层提供决策支持，促使他们对组织最为稀缺的战略性资源，即各类人才给予更为全面的关注。电子化人力资源管理不仅能够为人力资源管理专家提供有力的分析工具和可行的建议，还帮助人力资源部门建立积累知识和管理经验的体系。这种转变有助于提升人力资源部门和人力资源专业人员的专业能力和战略层次，增强他们为组织做贡献的能力，从而使其他组织成员对他们给予重视，促使他们名副其实地进入战略伙伴的角色。

四是强化领导者和各级管理者的人力资源管理责任，促使全员参与人力资源管理活动。首先，虽然电子化人力资源管理使人力资源管理过程更加标准化、简便化，但是除了人力资源管理体系的建立外，人力资源管理活动的规划、对人力资源管理过程的监控、人力资源管理结果的汇总、分析等工作，仍然需要人力资源部门来统一完成。具体的人力资源管理活动，会越来越多地委托给直线经理人员来完成。直线经理可在授权范围内在线查看所有下属员工的相关人事信息，更改员工的考勤信息，向人力资源部提交招聘或培训等方面的计划，对员工提出的转正、培训、请假、休假、离职等申请进行审批，并且能够以在线方式对员工的绩效计划、绩效执行以及绩效评价和改进等绩效管理过程加以管理。其次，组织领导者可以通过电子化人力资源管理平台查询人力资源信息和人力资源指标变化情况，还可以通过平台做出决策。具体来说，领导者不仅可以在某项人力资源管理活动流程到达自己这里的时候，通过电子化人力资源管理平台直接在网上（在离开办公室的情况下可以利用智能手机）进行相关人力资源事务的处理；还可以在不依赖人力资源部门的情况下，自助式地获知组织的人力资源状况并进行实时监控；更可以获得如做出决策所需要的人力资源指标变动情况等各项信息。电子化人力资源平台可以使领导者和管理者越来越直接地参与到人力资源管理的各项决策以及政策的实施过程之中。最后，员工也可以利用电子化人力资源管理平台，通过在线的方式查看组织制定的各项规章制度、组织结构、岗位职责、业务流程、内部招募公告、个人的各种人事信息、薪酬的历史与现状、福利申请及享受情况、考勤休假情况、注册或参加的组织内部培训课程，以及提交的请假或休假申请。此外，员工还可以在得到授权的情况下自行修改个人信息数据，填报个人绩效计划和绩效总结，以及与人力资源部门进行沟通和交流等。

正是由于上述优势，电子化人力资源管理这种能够适应以网络化、信息化、知识化和全球化为特征的新环境的人力资源管理模式，才成为当今企业人力资源管理领域的一个重要发展趋势。近年来，我国很多企业正在逐步构建和完善电子化人力资源管理系统。此外，我国市场上也出现了不少电子化人力资源管理服务的供应商，用友、金蝶等大型软件供应商也在原来的人力资源管理系统的基础上，纷纷开发出综合性的电子化人力资源管理信息平台。可以预见，电子化人力资源管理在我国企业中的普及速度会越来越快，也必将会有越来越多的企业从中受益。

第六章 社会保障制度体系构建

第一节 社会保障制度的构成与发展

社会保障是一项服务对象众多、涉及面广、项目繁杂、经费庞大的社会事业。因此,需要进行立法,并制定科学和完善的社会保障制度,以确保社会保障事业的发展和运行实现法制化、制度化和规范化。

一、社会保障制度的基本内容

社会保障制度包括为基本生活出现困难或者遭受伤病等的社会成员提供物质和医疗保障的立法、条例和规章制度,同时还涉及中央和地方、国家与企业(单位)、单位与个人、有关部门与社会保障管理机构之间在义务与权利及管理权限等方面的有关法规制度。其基本内容包括:

(一)社会保障法规及其实施办法的制度

社会保障法规及其实施办法的制度,包括社会保障的实施对象、享受条件、支付标准、资金来源、管理方式以及有关部门的职责权限等。一般来说,这方面的管理权限集中在中央政府。但是,地方政府在某些社会保障项目方面也有一定权限。例如,社会救济标准、困难补助标准等,地方政府可以根据各地的财力状况自行决定。

(二)社会保障对象的管理制度

社会保障对象的管理制度,包括对受保对象的登记、调整、建卡和建账等制度;政策咨询、账户查询、监察检查、争议仲裁等制度;为老年人、残疾人、社会救济对象等享受社会保障的社会成员提供社会福利设施的制度;有计划地扶持贫困户和优抚对象发展生产、脱贫致富的制度;登记失业人员,将失业人员组织起来进行职业培训和生产自救等制度。这些方面的管理体制既需要各级政府的专门机构负责实施,也需要动员社会力量,广泛吸收工会、妇联、老龄问题委员会、退管会等团体和群众组织参加管理。

(三) 社会保障资金的管理制度

社会保障资金的管理制度,包括为社会保障基金的筹集,各种养老金、补助金、救济金、困难补助等的发放,以及社会保障储备基金的投资与增值等制定的一系列制度。一般来说,社会保障的各项支付工作主要由社会保障的专门机构负责,但是,一些与在职劳动者有关的社会保障项目,如疾病生活保障、补充保险、职工困难补助等,必须依靠单位管理。社会保障基金的筹集、储备需要同财政结合起来纳入财政预算,接受财政监督。

(四) 社会保障的组织和管理

明确中央和地方各级政府在社会保障体系中的责任。中央制定统一政策、统一管理制度,地方政府负责组织实施,建立独立于企事业单位之外的、保障对象管理和服务真正社会化的保障体系。企事业单位只履行依法缴纳社会保险费的义务,不再承担基本社会保险金的发放工作和社会保障对象的日常管理工作。退休人员、失业人员与企事业单位脱钩,由社区组织统一管理,社会保险金实行社会化发放。加强社区组织和社会保障中介组织的建设,强化社区服务功能,提高社区管理和服务水平。依托社区组织为退休人员提供生活和其他服务,帮助失业人员再就业。运用信息化技术手段,建立统一的、覆盖全国的社会保障网络。社会保障资金的缴纳、记录、核算、支付以及查询服务,都要纳入计算机管理系统,逐步实现全国联网,建立功能齐全、覆盖面广、规范透明的社会保障信息网络。

以上四方面的管理制度和运行机制的有机结合,构成一个统一协调的社会保障管理制度。科学管理和严格的社会保障制度,保证国家各项社会保障政策顺利实施,并充分发挥其社会稳定机制作用。

二、社会保障制度的分类及共同特点

(一) 社会保障立法制度的类型

享受社会保障是社会成员应享有的一项重要权利。为了确保社会成员享有这项基本权利,一般都由国家立法,通过法律加以保证。现代社会保障制度的国家立法,最早形成于19世纪末的德国。后来,欧洲其他一些国家也仿效德国制定了社会保障法律,并在财政上给予援助。由此,社会保障进入立法时代。社会保障立法有两种类型:一是国家统一立法,统一规定项目和待遇,如美国就是这种做法。二是国家分项立法,分项规定项目和待遇。大多数西方国家都是采用这种办法。许多国家对于某些体力和脑力劳动者，如公务人员、教师以及国有企业的职工，以单行法规建立保障制度。各国在制定社会保障法律时，往往根据实际情况将某几类性质相近的保障项目合并立法（如将生育并入疾病保障立法）；或根据国家财力情况，从社会保障的项目中挑选出某些急需解决的问题先立法。

（二）社会保障方式的类型

西方社会保障待遇一部分为自助性的保障待遇，即要由自己缴纳一部分保险费的保障待遇，通常称为"社会保险"；另一部分为赈济性的保障待遇，即国家资助的保障待遇，通常称为"社会援助"或"国家援助"。

对受保人及其供养亲属提供经济保障，有两种方式：一种方式是以现金发给补助金，通常称为收入保障措施；另一种方式是提供服务，主要是安置住院、医疗及生活照顾等，通常称为实物及服务补助措施。两种方式，有时只能享受一种。

按照收入保障措施实行现金补助的各种办法，可以归纳为三大类：

第一，与工作相关联的保障制度。受保障人享受年金或其他定期补助的权利，直接或间接取决于受雇或劳动工龄的长短，至于家属津贴费和工伤保障则直接取决于是否存在雇佣关系。个人领取的年金（包括养老金、伤残金、遗属抚恤金等），通常与受保人在事故发生前的收入水平有关。这种保障方式是强制性的。

第二，普遍保障制度。其范围包括全体居民或公民。凡在这个国家居住满一定期限的居民或公民，都有按照立法统一规定的标准享受现金补助的权利。不少发达国家都实行这种保障制度。

第三，以经济状况为依据的保障制度。这种制度通常是根据最低生活需要制定出一个最低生活标准，低于最低生活标准的，发放补助金。现在多数国家将这种制度和与工作相关联的保障制度结合在一起。

此外，某些国家还采用政府制定的"储蓄保险基金制"。它实际上是一种强制储蓄制度，依法要求雇主和雇员各缴纳一定的保险费，专款专用。当雇员发生法定保险事故时，将其全部储蓄的保险费连同利息一起发给受保雇员。有的国家还实行"雇主责任保险制度"。这种制度由国家立法规定，雇主对雇员实行某些项目的保险负有法律责任。目前，除工伤保障外，这种保险制度已由社会保险制度代替。

（三）社会保障制度的共同特点

各国的社会保障制度虽有差异和不同的特点，但归纳起来有以下一些共同点：

1. 实施范围普及

市场经济较发达的国家，其社会保障实施范围一般来说是广泛的。凡是劳动者不论其在哪一种所有制经济中劳动，也不管是城镇还是农村的劳动者，以及个体劳动者、自由职业者，全体社会成员均包括在社会保障的安全网之中。当然，这一普及过程也经历了较长时间。

2. 以国家为主体举办、采取立法手段强制建立

自19世纪80年代德国俾斯麦政府举办社会保险制度以后，社会保障与国家举办、国家立法紧密地联系在一起。即使是新加坡等实行完全个人账户公积金制的国家，也是通过立法，强制要求用人单位和个人按规定缴纳公积金。当然，社会保障以国家为主体举办，不是完全由国家出资，除社会救济、社会福利主要由国家出资外，其余的社会保险基金主要由企业和个人缴纳。

3. 社会保障资金多渠道筹集

由国家举办法定的基本社会保险基金，除工伤保险外，多数国家实行个人、用人单位和政府三方共同负担，个人和单位缴纳的社会保险费大体上是各占50%，有的国家单位缴纳比例略高一点，有的国家个人缴纳部分略多一点。当企业（雇主）和雇员缴纳的社会保险基金收不抵支时才由政府予以补助，即所谓"政府最后出台"。

4. 多层次的社会保障制度

这主要是指社会保险中的养老保险和医疗保险。如养老保险制度，不少国家实行三个层次的制度：第一个层次是国家立法规定的"低有保证、高有限额"的强制性的基本保险；第二个层次是各种企业自定的企业年金保险；第三个层次是个人年金保险，有的叫"退休储蓄计划"。

5. 统一集中的管理体制

在管理上，一般是自上而下设立单独的管理机构，对社会保障或社会保险实行统一集中管理。这种单独的管理机构，可能是全面性的独立管理机构，实行自上而下的垂直领导，也可能隶属于中央某一个部门，接受部门监督。在某些国家中，在集中统一管理的前提下，地方也享有一定的管理权限。

三、社会保障制度的发展趋势

21世纪初国际金融危机爆发之后，世界社会保障发展的总趋势为：一是，社会保障覆盖面整体扩大，中等收入国家，特别是新兴经济体，是世界社会保障发展的主要拉动力。二是，各国社会保障差距依然明显，但差距在逐渐缩小。三是，走向广覆盖和多样化，逐步形成多支柱的社会保障体系。

国际劳工组织的相关报告表明，全球社会保障在发达国家、新兴国家和发展中国家的发展趋势各不相同：发达国家在社会保障领域整体呈现出削减之势；反之，以中国和巴西为代表的新兴国家则呈现出制度建设和快速发展之势。低收入国家则根据工业化进程的快慢开始着手建立与工业化相关的社会保障制度，不完善和碎片化是其基本特征。尽管当今世界在不断发展变化，但社会保障问题的基本模式没有改变，只是在不同的地区有不同的体现。

第二节　社会保障法律制度与模式

一、社会保障法律制度

社会保障法律制度是整个社会保障制度得以规范和有效运行的客观依据和准则。现代社会保障立法源于19世纪末的欧洲，至今已有100多年的历史。截止现在，遍及世界各大洲的各个国家，几乎都以立法建立起实施范围大小不一、包含项目多少不等的社会保障制度。

（一）社会保障法律制度的含义

社会保障法律制度，是指由国家立法机关和行政机关制定的、用以调整社会保障关系、规范社会保障行为的法律规范的总和。社会保障法律制度是一个国家法律体系的有机组成部分，它是由一个多层次的法律系统组成的。

1. 社会保障法律制度是一个独立的部门法

每一个独立的部门法，都有其特定的调整对象。社会保障法律制度调整的是国家、单位和个人之间的关系。

2. 社会保障法律制度是一个有机统一的系统

社会保障法律制度是一个大系统，它由多个子系统构成，每个子系统调整社会保障的不同方面。在社会保障法律与其他法律之间也存在相互协作的关系。

3. 社会保障法律制度是一个多层次结构体系

社会保障法律体系不是由一部法律或同一层次的法律构成的，而是由多部法律、法规、条令、条例等构成的多层次体系。在这个体系中，最高层次是宪法，这是建立社会保障制度的法律依据；其次，是由国家立法机关通过的社会保障法律以及可以适用于社会保障领域的其他法律，它们是建立社会保障制度的基本依据；再次，是由国家行政机关颁布的行政法规，它们是社会保障制度的具体实施依据；最后，还包括地方政府根据国家相关社会保障法律、结合地方的情况制定的相关社会保障法律的实施细则或者地方相关社会保障法规。

（二）社会保障法律的特征

凡是依据社会政策制定的，用以保护某些特别需要扶助人群的生活安全，或用以促进社会成员福利的立法，便是社会保障法律。在国外，社会保障法律亦称为社会立法。社会保障法律具有的特征包括：

1. 社会性

社会性是社会保障法律的最基本特征。首先，社会保障对象具有普遍性。全体社会成员均是社会保障对象。随着经济社会的发展，社会保障项目不断增多，待遇不断提高。其次，社会保障责任和义务社会化。社会保障法律通过在国家、用人单位和公民个人之间合理分配保障责任和义务，共同筹措社会保障基金，分散社会成员生活风险，形成风险共担的社会保障机制，使人人得到保障。再次，社会保障法律直接涉及社会公共利益，具有社会公益性。社会保障法律对于社会成员中包括老年人、未成年人、残疾人、疾病患者等在内的弱者，提供社会关照与扶助。国家总是给予处于弱势的当事人一方以特别保护，这是社会保障法律的一个突出特点。在社会保障法律关系中，国家在兼顾劳资双方基本权益的同时，需要进行适当的干预。诸如工作时间、工资待遇、休息权、卫生与安全保障，雇用者应为劳动者交纳工伤、失业、医疗、养老保险金等，不论劳动合同是否约定，用人单位都必须给予满足。

2. 义务在先、权利在后，权利不可继承

在社会保障法律关系尤其是有关社会保险的法律关系中，权利义务关系的形成需要一个过程，表现为"先义务、后权利"。一个退休工人领取养老金的数额和时间，需要根据他缴纳养老金的时间长短和数额多少来决定。不仅如此，法律还严格限定，只有在事先设定的法律事实出现后，权利人才能开始享受权利，即事实在先、权利在后。例如，享受工伤、医疗保险，权利人只有在工伤、疾病的事实确实已经发生后，才能得到救助和补偿。当然，社会救助法律关系和优抚法律关系中不存在"先义务、后权利"，而由国家直接提供保障，只要设定的事实发生，保障和受保障的权利义务关系即成立。

社会保障法律的实现路径是依靠提供物质帮助的方式保护公民生命权。例如，对社会抚恤的规定，从表面上看，领取抚恤金的人与死者具有继承关系，但是，抚恤金不同于奖金，是国家和社会赋予死者近亲属的法定权利，而不是死者留下来的遗产，所以不存在继承。相反，正是因为领取抚恤金者是特定个人，所以对没有或不需要死者抚养的人来说，就不存在抚恤金问题。领取抚恤金，对受领者来说，是社会给予他的权利保障。

3. 特定的技术性

社会保障法律是采用法律手段集合社会力量保障社会安全。社会保障的运营，需要以数理计算为基础，涉及许多技术性规定。大数法则、平均法则等是其中最典型的代表。大数法则使危险分散到最低程度，费率降低到最低限度。

4. 实体法与程序法的统一体

社会保障法律的调整对象，是社会保障领域中的各种社会关系，它既规定了保障主体的权利与义务，也规定了保障法律关系正常运行的必要条件与程序。因此，各国的社会保障法律都不是单纯的实体法或程序法，而是两者兼备。

(三) 社会保障法律关系

1. 社会保障法律关系的定义和特征

社会保障法律关系是指社会保障法律在调整社会保障关系过程中形成的社会保障主体之间的权利和义务关系。

社会保障法律关系具有的特征：

（1）社会保障法律关系只存在于特定的社会保障活动过程中。社会保障活动大致可以分为两类：一类是社会保障经办活动（主要是社会保险基金收支和营运活动），另一类是社会保障行政管理活动。

（2）社会保障法律关系体现了较强的国家意志。在社会保障法律关系中，当事人必须按照法律预设的目的、标准和程序进行规范化操作和运行。

（3）社会保障法律关系具有明显的强制性。在社会保险、社会救助等法律关系中，法定的义务具有较明显的强制性，与商业保险法律关系和慈善捐助法律关系有着显著的区别。

（4）社会保障法律关系中的社会保障管理经营主体具有明显的主导性。作为行政机关的社会保障管理监督机构，行使行政职权，与行政对象发生行政管理和被管理的关系；而社会保障经办机构承担社会保障（主要是指社会保险具体业务）收支、管理和运营基金的责任，并承担使基金保值增值的责任，在与用人单位、受保人的关系中处于主导地位。

2. 社会保障法律关系的分类

社会保障法律关系可分为社会保障行政管理法律关系和社会保障经办法律关系两大类。

（1）社会保障行政管理法律关系

这一类社会保障法律关系是政府社会保障管理职能的体现。承担社会保障管理监督职责的中央和地方各级政府及其职能部门相互之间依法发生的行政管理法律关系、社会保障职能机关与行政对象（主要是用人单位和个人）依法发生的行政管理法律关系，皆归入此类。

（2）社会保障经办法律关系

这一类法律关系是社会保障业务关系的体现。《社会保险法》规定了劳动者的社会保险和福利，其中也规定了社会保险基金经办机构、社会保险基金监督机构、用人单位和劳动者的权利和义务。社会保险基金经办机构与用人单位和劳动者之间的法律关系，以及社会保险基金经办机构依法管理、运营基金所产生的法律关系，即属此类。

3. 社会保障法律关系的要素

法律关系均由主体、内容和客体三要素构成，社会保障法律关系也是如此。

（1）社会保障法律关系的主体

社会保障法律关系的主体是指在社会保障活动中，依法享有权利、承担义务的当事人。在我国，社会保障法律关系的主体主要包括：

1）国家

国家参与社会保障活动是世界各国的通例。国家财政是社会保障基金的重要来源。国家是社会保障事业的行政管理者和监督者，以及社会保障争议的裁决者。在社会救助、优待抚恤等方面，国家还是社会保障待遇的直接给付者。所以，国家是社会保障法律关系的当然主体。

2）社会保障职能机构

社会保障职能机构包括社会保障行政主管部门、社会保障经办机构和专门设立的社会保障监督机构。它们是社会保障法律关系的重要主体。

3）用人单位

《社会保险法》和《中华人民共和国劳动法》规定用人单位必须依法参加社会保险，缴纳社会保险费，并根据本单位的实际情况为劳动者建立补充保险。此外，用人单位还是劳动者应缴保险费的代缴人。

4）社区组织

在社会救助、社会福利等多种场合，社区组织（村民委员会、居民委员会和福利机构等）参与社会保障活动。

5）公民

公民是社会保障对象和社会保障待遇的享受者，也是社会保障费用缴纳义务人。

（2）社会保障法律关系的内容

社会保障法律关系的内容，是指社会保障法律关系主体依法享有的权利和承担的义务。

社会保障权利是指社会保障主体依法为某种行为或不为某种行为的可能性。它既表现为权利人自己为某种行为的可能性（如用人单位依法为劳动者建立补充保险），也可以表现为权利人可以要求义务人为一定行为或不为一定行为（如社会保险基金经办机构要求用人单位、劳动者缴纳保险费，社会保险基金监督机构要求有关机构和个人不得挪用社会保险基金），在权利受到侵犯时有权请求有关国家机关予以保护（如对逾期不缴纳社会保险费的单位，社会保险管理机构可以申请人民法院强制执行）。

社会保障义务是指社会保障主体依法为一定行为或不为一定行为的必要性。各社会保障主体的义务是法定的，并且各有各的义务。社会保险行政管理部门的主要职责是制定政策和规划，并进行监督和指导；社会保险经办机构既承担收支、管理和运营基金的义务，又承担使基金保值增值的义务；用人单位和劳动者则承担缴纳社会保险费的义务。如果义务人不履行其义务，则将依法承担法律责任。

如企业不依法缴纳社会保险费，应按日加收应缴数额一定比例的滞纳金。任何单位和个人挪用社会保险基金的，对主管人员和直接责任人员，根据情节轻重，给予行政处分；构成犯罪的，依法追究刑事责任。

社会保障法律关系多种多样，在不同的社会保障法律关系中，主体所享有的权利义务各不相同。在社会保障基金筹集关系中，公民个人是义务主体，而社会保障基金经办机构则是权利主体；在社会保障基金发放关系中，公民个人是权利主体，而社会保障基金经办机构则是义务主体。

(3) 社会保障法律关系的客体

这里的客体是社会保障法律关系主体的权利和义务所共同指向的目标（对象）。社会保障法律关系的客体基本上分为两类：

1) 物

"物"指能为人们控制和利用的物质资料和充当一般等价物的货币。各国社会保障多数体现为"金钱给付"，社会保障权利义务主要指向一定数量的货币，但有时也直接体现为实物，如救助物资和福利用品等。

2) 行为

"行为"指主体为达到一定目的所进行的活动，基本上体现为各种社会服务，如为盲、聋、哑等残疾人以及老年人、未成年人提供的各种福利服务，为待业者提供的就业训练，为妇女、未成年人提供的医疗保健服务等。

4. 社会保障法律关系的产生、变更和消灭

(1) 社会保障法律关系的产生、变更和消灭的概念

社会保障法律关系的产生，是指依据有关的法律规定和形式，明确双方当事人的权利和义务，确立一个具体的社会保障法律关系。当一个雇员达到法定退休年龄时，他将离开企业，领取养老金，他与养老保险经办机构的法律关系即产生。当雇员被辞退时，依据失业保险法律的有关规定，到一个就业服务机构进行登记后，他和就业服务机构之间的失业保险法律关系就产生了。

社会保障法律关系的变更，是指社会保障法律关系当事人的权利、义务内容的改变。社会保障法律关系的变更并不是主体的改变。例如，设在某社会保险机构中的个人养老保险账户，常常会因为该受益人的工作变换和异地迁徙引起该个人账户养老保险缴纳记录的变化。

社会保障法律关系的消灭，是指现存社会保障法律关系的解除和终止。社会保障法律关系的终止是因该社会保障法律关系期限届满，预期的目标已经实现，或者因不可抗力原因主体消失，引起该社会保障法律关系的消灭。

社会保障法律关系解除是经双方协商同意，或在法定条件出现后由单方提出消灭该社会保障法律关系。

(2) 社会保障法律关系的产生、变更和消灭的法律依据

社会保障法律关系的产生、变更和消灭的发生，必须依据一定的事实。能够引起法律关系产生、变更和消灭的事实是法律事实。法律事实分为法律行为和法律事件。法律行为是当事人有意识进行的各种活动，包括合法行为和违法行为。退休时领取养老金为合法行为；如果受益人死亡，他人冒领其养老金为违法行为。法律事件是当事人意志之外发生的事情，如年老、患病和工伤。如果受益人死亡，其个人账户中的养老金储蓄余额可以由合法继承人继承。

二、社会保障制度模式

社会保障制度从建立到现在已有100多年的历史，世界各国的社会制度不同，经济发展水平不一样，文化和历史也各有不同，社会保障制度的实施有先后之别，因此，在确定社会保障的目标模式、保障水平与范围等方面必然存在着差异。我们依据社会保障资金筹集和供给方式的不同，可以将世界各国的社会保障制度大致分为五种模式：救助型、保险型、福利型、国家保障型和自助型。

（一）救助型社会保障制度

救助型社会保障制度，是国家通过社会保障的有关措施保证每个社会成员在遇到各种风险事故时获得救助，使其不陷入贫困，并对已处于贫困的成员发给社会保障津贴，以维持其基本生活的社会保障制度。

该模式的基本特征为：①政府通过立法明确实施救助的依据。公民申请和享受社会救助是其依法应享有的权利，它不附带屈辱条件，不同于慈善和资本主义初期的济贫。②社会救助费用列入财政支出，其资金来源于国家税收，个人不缴纳保险费。③救助的对象是因天灾人祸或失业而陷入贫困的公民、弃婴、孤儿、残疾人和老年人。④救助的标准为低标准，以维持生存为限。

这种模式是工业化开始前后所实行的单项或多项救助制度。这种模式主要在一些发展较为迟缓的非洲国家实行。按社会保障的标准来衡量，它是属于社会保障制度的初级的、不成熟和不完备的模式。

（二）保险型社会保障制度

保险型社会保障制度，是强调社会保险在整个保障体系中居于中心地位的制度。保险型社会保障制度是由雇主和雇员定期交纳社会保险费，不足部分由政府补贴，使投保者享受社会保险金的一种社会保险模式，又称强制投保型或"传统型"社会保障模式。保险型社会保障制度是在工业化取得一定成效、有雄厚经济基础的情况下实行的。其目标是国家为公民提供一系列的基本生活保障，使公民在面临失业、疾病、伤残、生育或死亡而需要特别支出的情况下得到经济补偿和保障。

该模式的主要特征是：①政府通过有关社会保障立法明确实施的依据。②保障费用由个人、雇主、政府分担,实行强制保险。个人缴纳保险费,雇主为雇员缴纳社会保障费,各国政府以不同标准拨款资助,公民只有履行交付保险费的义务后才享有领取社会保障津贴的权利。③资金来源多元化,形成社会保障基金,增强社会保障功能。④保险对象覆盖面广,主要是社会劳动者。⑤社会保障的项目多少不一,在一定程度上解除了人们在遇到生、老、病、死、伤残、失业风险时的后顾之忧,其保障给付标准是保障公民基本生活。

(三) 福利型社会保障制度

福利型社会保障制度,是在经济较发达、整个社会物质生活水平大幅度提高的基础上实施的一种比较全面的保障模式,又称福利国家型社会保障制度。其目标是"对于每个公民由生到死的一切生活及风险,诸如疾病、老年、生育、死亡、灾害,以及鳏、寡、孤、独、残疾人都给予安全保障"。

该模式的主要特征是:①社会保障政策是福利国家的一项主要政策,依法实施,并设有多层次的社会保障监督机构监督执行。②保障对象是全体社会成员,强调福利的普遍性、人道主义和人权观念。③福利支出基本上由企业和政府负担,个人不缴纳或低标准缴纳社会保障费。④保障标准较高,保障项目齐全,一般包括"从摇篮到坟墓"的一切保障。⑤社会保障的目的主要是维持社会成员一定标准的生活质量,加强个人安全感,而不完全是预防和消灭贫困。

该模式起源于英国,其后在北欧流行,以瑞典为典型。这种"从摇篮到坟墓"的高水平保障,是依靠高税收、高财政赤字来维持的,这种福利制度已经影响到了福利国家的经济发展。

(四) 国家保障型社会保障制度

国家保障型社会保障制度,是社会主义国家以公有制为基础的属于国家保障性质的社会保障模式,又称政府统包型社会保障制度。其宗旨是"最充分地满足无劳动能力者的需要,保护劳动者的健康并维持其工作能力"。它曾经为巩固社会主义制度以及保障国民的主人翁地位和基本生活需要发挥过重要作用。

这一模式的主要特征为:①通过国家宪法将社会保障确定为国家制度,公民所享有的保障权利是由生产资料公有制保证的,并通过社会经济政策实施取得。②社会保障支出由政府和企业承担,其经济来源由全社会的公共资金无偿提供,个人不交保障费,国家事先做了社会保障费的预留和扣除。③保障对象是全体公民。宪法规定,每一个有劳动能力的人都必须积极参加社会劳动,对无劳动能力的一切社会成员提供物质保障。④工会参与社会保障事业决策与管理。

该模式的首创者与代表是苏联和东欧前社会主义国家,中国在改革开放前也曾实行这种类型的社会保障制度。

(五) 自助型社会保障制度

自助型社会保障制度是一种个人缴纳保险费的社会保障制度,它是以自助为主、以促进经济发展为目标的保障模式,又称强制储蓄型社会保障制度。

自助型社会保障制度的基本特征为:①除公共福利和文化设施由政府提供资助外,保障费用由雇员和雇主负担。个人享受的待遇和自己的努力程度及存款多少紧密地联系在一起,而且公积金存款越多,所享受的养老金、医疗保健等待遇也越多。②保障水平取决于社会保障基金的实际投资收益率。社会保障基金的积累,是沉淀下来的金融资产,其投资收益率的高低决定缴费职工未来领取养老金的多少。③财政转移支付资金比较少。只有在养老保险基金管理公司出现亏损的情况下,政府才支付最低额度的投资收益担保。④社会保障基金有政府运营和私人运营两种管理模式。新加坡对社会保障基金的投资运营采取政府集中运营管理的方式,而智利则采取私人分散运营管理的方式。

这种模式也存在一些问题和不足:①它不是现代社会保障制度,只不过是一项强制性储蓄计划,缺乏社会成员之间的互济特征;②保障水平参差不齐,尤其是年轻成员和低薪雇员的保障水平较低;③过度储蓄降低了人们的消费水平,限制了国内有效需求的满足;④过高的缴费水平降低了人们储蓄的可能,不利于社会保障体系的多元化发展,同时高额投保费增加了企业产品成本,易削弱其国际市场的竞争力。

第三节 社会保障体系

一、社会保障体系的含义

社会保障体系是指国家通过立法对社会成员给予物质帮助所采取的各种相互独立而又相互联系的社会保障子系统的总和。也就是说,社会保障体系是由各项社会保障子系统所构成的整体。世界各国都从本国国情出发建立了各有特色的社会保障体系,但各国的社会保障体系结构仍然有其共性。现代社会保障体系一般由社会救助、社会保险和社会福利构成,它们的地位和作用各不相同。此外,一些国家还把社会互助保险、个人储蓄积累保险以及商业保险等作为社会保障的补充,归入社会保障体系。社会保障体系随着社会进步、经济发展以及各国国情和政治方针的变化不断地发展变化。

二、社会保障体系的特征

由于各国的社会经济文化、生活水平、居民需求和传统习惯不同,其社会保障体系的内容和项目、保障范围和受益程度也不尽相同，各有特点。但是，不论是发达国家还是发展中国家，其社会保障体系结构都有共同的特征：

（一）层次性

1. 社会保险是社会保障体系的核心层次

社会保险作为预防现实风险的重要手段，主要面向劳动者，尤其是工薪阶层。在经济发达国家，工薪阶层连同其家属在人口群体中占有很大比重，社会保险对劳动者来说是经济上的第一道防护措施。在中国，社会保险同样以工薪劳动者为主要对象的，是社会保障体系中。

2. 社会救助是社会保障的辅助层次

社会救助是社会保障体系的最后一道防线。社会保险不能完全涵盖所有社会成员，如无收入、无生活来源、无家庭依靠并失去工作能力者，生活在国家的"贫困线"以下和生活在最低生活标准以下的家庭或个体，以及遭受自然灾害和不幸事故者，都需要通过社会救助，达到社会保障的最低目标。

3. 社会福利是社会保障体系的最高层次

由于各国的经济发展水平及基本国情不同，其社会福利内容差异很大，但从社会福利在社会保障体系中的地位来看，都属于提高国民福利、改善国民物质及其他生活条件的社会保障事业，是最高层次的社会保障。

（二）完整性

社会保障体系是一个完整的体系。从社会保障体系来看，社会救助面向贫困阶层；社会保险面向工薪阶层；社会福利覆盖面最广，公共福利面向全体公民，职工福利面向企业和行政事业单位职工；优抚安置面向军人及其家属。从总体上看，目前我国已经形成了比较完整的社会保障体系，具备了社会保障的完整性特征。

（三）法制性

一般而言，各国都制定了社会保障相关的法律法规，明确了社会保障的实施范围、对象、享受保障基本条件、资金来源、支付标准、管理办法，以及国家、单位、个人在社会保障运行中的责任、权利和义务等。这些法律法规社会保障制度的实施提供了法律依据有法可依，确保了社会保障的法制性特征。

（四）社会性

社会保障体系的社会性特征体现在其具有明显普遍性和社会属性上，除社会救助范围有限、社会优抚针对特定阶层外，社会保险和社会福利涵盖了全体社会成员。就社会保障的性质来看，各项保障均具有社会属性。在现代市场经济国家，社会保障体系的发展与完善，是国家政府为了弥补市场机制的缺陷而建立的一项社会性系统工程,是发展市场经济的重要外部条件。所以,社会性是社会保障体系的重要特征。

(五)福利性

社会保障体系的福利性特征,表现为社会保障体系各环节一般都不以营利为目的,从广义上讲都属于福利性的社会事业。政府不仅对被救助、保险、优抚及享有福利者给予资金给付,而且还提供医疗护理、伤残康复、教育培训、职业介绍以及各种社会服务。同时,社会保障项目一般由政府机关管理,有些项目直接由国家财政预算开支,享受者普遍受益。所以,社会保障体系一般具有福利性特征。

三、中国社会保障体系构建的原则

(一)坚持与国民经济发展水平以及各方面承受能力相适应的原则

社会保障必须从国情出发,保障人民的基本生活需要,需要与国民经济发展水平以及各方面承受能力相适应。在建立和完善社会保障体系的过程中,必须充分考虑生产力发展水平及各方面的承受力,充分考虑不同地区、不同类型的劳动者关系,一切从实际出发,实施不同的社会保障项目,把包括社会保险、社会救济、社会福利、优抚安置和社会互助、个人储蓄积累等在内的多元化社会保障体系的各个环节有机协调起来,优势互补,各展其长,以更好地发挥社会保障作用。

(二)坚持在发展生产基础上逐步扩大保障范围的原则

我国要按照公平性和统一性原则,建立和完善社会保障体系,就必须进一步做好我国社会保障体系的构建规划工作,建立起衔接城乡的统一的社会保障体系。随着经济体制改革和市场经济的深入发展,我国社会保障需要向普惠化方向发展,社会保障项目要扩大覆盖面,惠及包括农民在内的全体公民,使全体公民都享受到社会经济发展的成果,逐步实现社会保障全民化。

(三)坚持国家性与法制性统一的原则

现代社会保障体系的产生与发展、组织与实行,都由国家在政治和经济上给予支持。各项社会保障制度的推出是通过国家专门机构实现的;社会保障体系各环节都要按照国家既定政策付诸实施;社会保障体系各方面和各环节的资金都离不开国家财政的支持,并且由国家统一管理等。这些都说明社会保障体系具有国家性。社会保障的法制性原则表现为,各项社会保障制度的制定、实施都要通过立法程序来进行。显然,立法也是由国家权力机关进行的,从而使社会保障体系的国家性与法制性密切结合在一起。

(四）坚持公平与效率相结合的原则

社会保障体系的公平原则，从总体上讲就是通过社会保障的给付，使人们的生活差距有所缩小，使失去生活来源者、遭遇不幸者及特殊阶层得到一定的生活保障。作为社会保障体系核心部分的社会保险，使暂时或永远失去劳动能力的或者虽有劳动能力但无工作岗位的失业者都能获得补偿收入，这就使劳动者与非劳动者在收入和生活上不会出现过大的差距，并尽可能缩小差距，比较普遍地体现了公平原则。社会保障体系的效率原则是指保障范围对象合理、给付标准合理的社会保障，有助于经济效率的提高，因为它能够调动劳动者的积极性，并为生产力发展创造良好的社会环境，有利于经济稳定的协调发展。社会保障体系体现公平与效率统一的原则，从总体上讲是把公平看成手段，把效率作为目的，二者在客观上不可分割。从不同保障项目看，有的主要体现公平，如社会救助；有的则侧重于效率，如社会保险；社会保险则体现为效率优先，兼顾公平。

（五）坚持补偿性与福利性统一的原则

总体上讲，社会保障体系都带有福利性。社会福利是一项普遍福利，社会优抚是一项特定福利，即便是社会救助和社会保险，除去给予被救助者和被保险者以资金和物质的救助和补偿外，还通过其他机构给予他们各种各样的服务，这些都表明社会保障体系具有明显的福利性。一般而言，社会保障体系的补偿性原则具体体现为：社会救助的补助性原则；社会保险的收入补偿性原则；社会福利从另一个角度讲，实际上是国民的一项普遍性补助，是劳动者的"第二工资"；社会优抚体现为国家对军人及其家属的一定数量补偿。所以，补偿性原则也是社会保障体系的普遍性原则。因此，在社会保障体系全面运行过程中，必须坚持补偿性与福利性统一的原则。

（六）兼顾国家、单位、个人三者利益，坚持权利与义务相对应的原则

在我国社会保障建立之初，社会保障基金主要来源于国家和单位，个人负担比例很小。社会保障基本上是人们的一种权利。但是，随着社会保障对象范围的逐步扩大，以及社会保障水平的提高，国家财政对社会保障支出难以支撑，单位负担沉重不堪，单纯依靠国家和单位交纳费用来推行社会保障遇到了很大的困难。因此，新的社会保障体系吸收西方国家强调个人责任的经验，明确权利和义务有机结合，兼顾国家、单位和个人的利益，合理划分政府与单位、个人之间的责任边界，实现政府与市场职能的合理分工，该由政府承担的责任不能回避，同时避免政府包揽过多。

（七）坚持目标兼顾原则

社会保障制度建设必须兼顾社会目标、经济目标和政治目标，兼顾短期目标和长期目标。合理的制度设计要尽可能在不同目标间达成平衡，着力避免过分注重单一目标而忽视其他目标或不断在各种目标间摇摆的倾向。

四、中国社会保障体系的构成

社会保障体系形成于现代市场经济国家，虽然各国的社会保障体系不尽相同，形成了不同的社会保障模式，但社会保障体系的基本构成是大致相似的。我国的社会保障体系的构成内容大体如图1-1所示。

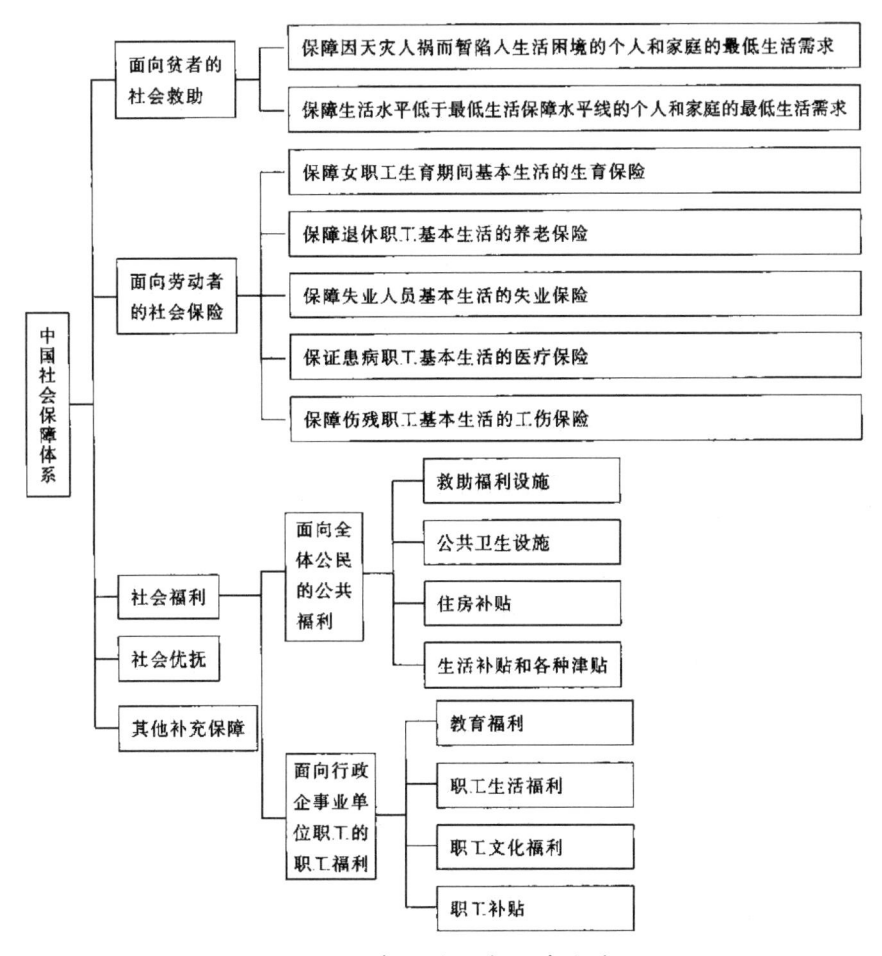

```
                    ┌─ 面向贫者的   ┌─ 保障因天灾人祸而暂陷入生活困境的个人和家庭的最低生活需求
                    │  社会救助     └─ 保障生活水平低于最低生活保障水平线的个人和家庭的最低生活需求
                    │
                    │                ┌─ 保障女职工生育期间基本生活的生育保险
                    │  面向劳动者   ├─ 保障退休职工基本生活的养老保险
                    ├─ 的社会保险   ├─ 保障失业人员基本生活的失业保险
中国社会保障体系    │               ├─ 保证患病职工基本生活的医疗保险
                    │               └─ 保障伤残职工基本生活的工伤保险
                    │
                    │                              ┌─ 救助福利设施
                    │               面向全体公民  ├─ 公共卫生设施
                    ├─ 社会福利 ─── 的公共福利    ├─ 住房补贴
                    │                              └─ 生活补贴和各种津贴
                    ├─ 社会优抚
                    │                              ┌─ 教育福利
                    └─ 其他补充保障 面向行政     ├─ 职工生活福利
                                    企事业单     ├─ 职工文化福利
                                    位职工的     └─ 职工补贴
                                    职工福利
```

图1-1 中国的社会保障体系

第四节 社会保障管理体制

社会保障管理体制是国家设立的社会保障行政机关和经办机构，对社会保障事业进行宏观指导和微观管理的体制和具体措施。它在整个社会保障制度中占有重要地位，是社会保障制度正常和有效运作的基础。

一、社会保障管理概述

（一）社会保障管理的概念

社会保障管理是指由中央和地方政府、社会组织或专门的社会保障机构，制定和实施有关社会保障的法规政策，并采取一定的方式、方法和手段，对各种社会保障事务进行计划、组织、协调、控制与监督等活动的总称。社会保障管理的内涵包括：①社会保障管理不同于生产管理，它是一种社会事务和社会政策管理，致力于提供公共服务和公共产品，它是实施社会保障制度的组织保证。②社会保障管理是政府的一项基本社会管理职责，它是国家上层建筑的重要组成部分。③社会保障管理主要通过制度、法律和行政三大手段来实现。值得指出的是，社会保障管理是综合性的系统活动，其中的各种机构、制度和管理方法之间存在着密切的联系。合理的机构、制度与管理方法在社会保障运行过程中，通过复杂的关联而相互影响，能够产生激励机制、约束机制和监督机制，从而有利于社会保障体系的建立健全与发展，有效地发挥其经济和社会功能。

（二）社会保障管理的内容及趋势

社会保障管理的内容主要有：

1. 社会保障的行政管理

社会保障的行政管理指的是中央和地方政府制定社会保障法律法规和政策，实施及监督实施的过程。社会保障的行政管理包括：第一，拟定国家社会保障发展规划和计划，科学制定社会保障政策，统筹处理地区和人群之间的利益和矛盾。第二，制定社会保障法律法规和政策，并以此来确定社会保障实施范围和对象、享受保障基本条件、社会保障资金来源、基金管理和投资办法、待遇支付对象和标准，以及社会保障中有关方面（国家、单位和个人）的责任、权利、义务及违法责任等。在立法过程中，中央政府制定社会保障基本法，地方政府则制定子法、实施细则和各种条例。第三，设置社会保障管理机构及人员配置，并贯彻、组织和实施各项社会保障法律法规，负责监督和检查实施情况和效果。第四，受理社会保障方面申诉、调解和仲裁。第五，建立和完善社会保障信息化、社会化服务体系。

社会保障管理机构一般分为两个层次，即中央机构和地方机构。中央机构是全国统一领导和指挥的权威性、决策性机构，它承担的主要职责是制定社会保障法律和发展规划、兴建社会福利公共设施、组织信息收集和调查研究，并监督执行等。地方机构是中央机构在各个地区的分支及下属机构，负责贯彻全国统一的社会保障政策和计划，监督统一的政策和计划在本地区的执行情况，并及时收集信息，做好信息反馈等工作。

2. 社会保障的基金管理

社会保障的基金管理指由专门的社会保障基金管理机构对社会保障基金的管理模式、运行条件等进行规划和监督。它主要包括社会保障基金筹集和支出，社会保障基金投资运营等。社会保障基金筹集一般由国家、单位和个人按一定比例缴纳社会保障费用，除此之外还包括私人和社会团体的捐助。社会保障基金支付则指的是给予受保人各项社会保障待遇，如养老金、失业金、医疗保险费、各种救助金和困难补助等。社会保障基金运营管理，包括社会保障基金的日常财务和个人账户管理，以及为实现基金保值增值的基金投资运营。

社会保障基金是由国家、单位、个人共同负担的，三者理应有相应的管理权，但从基金管理的专业化和效率出发，社会保障基金管理一般由专门的基金管理机构负责。这种基金管理机构不同于政府机构或私人企业，而是由国家、单位和受益人代表组成的非营利组织。

社会保障基金管理的目标在于：确保基金完整与安全，防止基金贬值，实现基金保值，争取基金增值；满足给付需要，避免发生支付危机；保持高效率。社会保障基金管理遵循的原则主要有：依法规范运行；坚持收支两条线；集中统一管理。

3. 社会保障对象的管理

社会保障对象的管理是指对社会保障享受对象提供必要服务。具体来说，在职社会保障对象，主要由其所在单位提供有关服务，对他们的管理也主要由其所在单位负责。而对于特殊的社会保障对象，如退休者、鳏寡孤独者、失业者、生活困难者、伤残者等，则需要由专门机构提供特殊服务。社会保障对象管理不但包括提供物质保障，还包括提供日常生活和健康方面的服务，提供参与社会活动和就业方面的机会和可能，以及提供精神和心理慰藉等。随着社会保障管理社会化趋势的发展，这项复杂繁琐的管理工作更加依赖于社会力量来完成。

以上社会保障管理三方面的内容是紧密联系的。实施行政管理的政府执行制定政策、宏观管理的职能，是社会保障的立法系统；对社会保障基金的管理和运营形成社会保障管理的执行系统；对社会保障对象的管理，则是社会保障管理的服务系统。

(三) 社会保障管理的发展趋势

第一，法制化管理趋势。作为国家意志的表现，社会保障的组织管理不能仅仅依靠行政官员的主观意愿和态度，而必须要有强制性的、权威性的法律制度作为保障。多年来，世界各国都非常重视社会保障立法工作，并不断强化其法制建设。各国逐步建立了依法管理的社会保障管理制度，规范了政府和参保人的行为，使所有职工和其他劳动者乃至全体公民能够参加国家社会保障计划，享受社会保障有关待遇，并依法缴纳社会保障有关费用，从而从根本上保障受保人的利益。

第二，集权与分权相结合的发展趋势。从世界各国发展的趋势来看，社会保障管理体制是逐渐由独立分散管理转向由政府集中统一管理的，以确保社会保障管理的系统性、一致性和协调性，从而更有利于实现社会的公平与公正。但是，为了提高效率、降低成本和贴近服务对象，许多国家的社会保障业务管理则趋向分散化，以便于与受保人保持密切联系，及时了解群众的情况和问题，为群众提供方便和提高服务质量。

第三，社会保障管理对科学技术进步的依赖。社会保障涉及面广，涉及对象和事务多，情况复杂，业务性很强，这决定其必须实行科学化和专业化的管理。目前，科学化管理的核心就是实现管理的网络化、信息化和智能化，通过计算机系统收集、存储、处理资料，进行统计和财务管理，计算和发放支付待遇，以及制订计划、规划和大数据分析等。另外，各国的社会保障管理部门还不断借鉴新的管理理论和方法，以及私营机构的管理经验，来推动传统管理模式的变革。

第四，民主化趋势。民主化管理的核心是建立和健全监督机制。社会保障管理直接关系着社会成员的切身利益，关系着国家和社会的稳定和发展，而要保证社会保障事业持续发展和各项法规政策和到切实地贯彻实施，就必须健全监督机制，实行民主化管理。监督可分为行政监督和社会监督两个方面。为了加强监督，首先必须建立专门的社会保障监督机构，行使行政监督职责；其次，要疏通各种渠道，加强来自广大群众、新闻媒体和社会各方面的监督，以增强决策透明度和政策实施的准确性、公平性。同时，在社会保障管理的各部门、各环节之间，要做到明确分工、政事分开，以便于各司其职、相互监督。

二、社会保障管理体制

社会保障管理体制是社会保障管理机构、管理内容和管理方式等方面的总称，它主要由管理目标、管理主体、管理客体、管理方式等基本要素组成。社会保障管理的目标，是追求社会保障的有效性和经济性。所谓有效性，是指通过实施社会保障，可以使失业和贫困人口不断减少，社会成员的医疗、养老需求等能够得到保障，人们的物质、精神满足程度不断提高，实现社会稳定。所谓经济性，是指在社会保障实施过程中，以较少成本得到最大效益，实现效率优化。社会保障管理主体是，指从事社会保障管理活动的人和机构，包括各级政府和立法机构，以及各种职能管理部门、经办机构、社会监督机构等。社会保障管理客体，即社会保障的全过程，它包括社会保障目标模式选择、政策法规制定、社会保障活动具体实施、社会保障监督、信息反馈及有关分析等。通过对社会保障实行全过程、全方位的科学管理，提高资源利用效率，以期用最少的投入取得最好的效果，从而实现社会保障管理目标。健全的社会保障管理体制是保证社会保障整体效能的中心环节。

(一) 社会保障管理体制的概念

社会保障管理体制的概念有广义和狭义之分。广义的社会保障管理体制，是指国家为实施社会保障事业而设置和制定的从中央到地方的各级各类社会保障管理机构、管理内容以及管理方式的总和，如社会保障立法、社会保障规章制度和方法、机构设置及其职能权限划分、社会保障基金管理监督和社会保障业务经办。其中，社会保障管理机构是其核心部分。狭义的社会保障管理体制，是指社会保障机构设置及其职能权限划分。社会保障管理体制是否科学、合理，不仅关系到社会保障能否充分而有效地发挥作用，而且关系到经济建设能否顺利进行，整个社会能否稳定。

(二) 社会保障管理体制的机构设置

社会保障管理体制与一国的生产力发展水平、社会经济制度、国家政体以及现实国情有密切关系。世界上存在各种模式的社会保障管理体制。然而，无论建立什么样的管理体制，都必须遵循效率原则和公平原则，既能高效率地为受保人提供良好服务，又能体现公平原则，使社会保障的行政、经办与监督权力平衡，从而保证受保人的利益和安全。

1. 国外社会保障管理机构的设置

国际劳工局在发表的《展望21世纪：社会保障的发展》报告中提出，合适的方式应该是对社会保障实行集中统一的管理体制，并在各个地区设立分支机构以处理各种具体的社会保障问题。世界各国的社会保障大都是从分散管理开始，因为尽管在社会保障管理中统一管理有许多优点，但由于种种原因，实施起来有很多困难。为此，迄今为止，绝大多数国家都采取由政府部门和半自治或自治机构合作管理的方式。

2. 社会保障管理体制机构设置的原则

(1) 法制性原则

社会保障管理体制的机构设置首先体现法制性，即要依据相应的法律法规来设置管理机构，做到依法设置，依法审定行政编制，并对其责、权、利等方面做出明确规定。管理机构依法办事，在其职权范围内行使权力，任何社会保障工作的管理和服务人员都不能违反有关法规和政策。管理机构贯彻落实国家的法律、法规、方针、政策，维护社会保障管理的权威性。

(2) 公平与效率原则

社会保障管理机构为了维护社会保障制度的公正，在运行过程中既要保护全体社会成员的合法权益、做到法律面前人人平等,又要在解决纠纷和处理事务时,以事实为根据、以法律为准绳,做到秉公办理、不偏不倚。社会保障管理机构要增强社会保障管理透明度,就必须使社会成员熟悉自己的权益,方便他们参与其中。社会保障管理体制的效率性,包括管理机构职责分明、政令统一、管理成本最低化和管理资源配置最优化。这就要求管理机构设置要以有效地管理和促进社会保障制度实施,并快速有效地处理和协调运作过程中出现的问题为目的,因此,机构设置一定要统一、精简,行政机构和业务机构一定要分工明确,确保必要的人员和设备,同时也要提高管理人员素质,做到管理科学化。

(3) 集中管理与分散管理相结合的原则

政府是社会保障制度最终责任的承担者,因此,政府机构有必要对社会保障事务实行统一集中管理。同时,为了使设置的行政管理机构与下属分级管理机构协调合作,增强管理工作的统一性和灵活性,政府机构还要将集中统一管理与分散管理相结合。

(4) 与相关系统协调一致的原则

社会保障体制与其他社会体制、经济体制在运行中需要保持协调一致。在社会保障体制内部,管理系统需要与社会保障法制系统、实施系统以及监督系统保持协调一致。在社会保障管理系统内部,不同的管理机构在明确职责、分工负责的基础上保持某种程度的分工协作。其目的在于减少制度摩擦、提高效率、促使管理目标顺利实现。

(5) 行政管理和业务管理分离的原则

社会保障工作是一项覆盖范围广、政策性强的工作,涉及国家、单位、个人三方面利益,因此一定要遵循行政管理与业务管理相分离的原则,以免行政管理部门干预正常的社会保障业务。在中央机构及地方机构之下设置类似而业务机构,专门负责社会保障基金的筹集、支付和管理。

(6) 属地化管理为主、系统直属管理为辅的原则

由于各项社会保障事务直接面向社会成员,一般由一定区域内设置的管理部门或业务机构组织实施,以实现区域范围内的福利共济性。因此,社会保障管理表现出属地管理为主、系统直属管理为辅的特色。由中央政府或国家社会保障主管部门制定统一的原则和政策,各地区管理部门和业务机构具体执行和实施,并承担主要管理职责,即地方政府直接负责。

3. 社会保障管理体制设立的管理机构

社会保障管理的组织机构,是指为负责社会保障政策法规的贯彻、监督和检查,维持社会保障制度正常运行而设立的权力和办事机构。它一般包括社会保障决策主管机构、社会保障业务经办机构、社会保障基金运营机构和社会保障监督机构。

(1) 社会保障决策主管机构

社会保障决策主管机构主要是各级政府机构中管理社会保障事务的相关政府部门。其主要任务是为立法机关提供必要依据，帮助其制定相关法律，并依法制定相应法规、政策和规划，在对社会保障事务的管理和协调中拥有决策权，并负责贯彻实施和监督检查等工作。从国际经验看，主司社会保障事务的行政管理机构首先是劳动部门，其次是社会保障部门，再次是社会事务部门、由社会事务部门单独管理社会保障的国家和地区很少，在大多数情况下，它是与劳动部门并立形成双重职能部门格局。也有的国家和地区由财政部门负责管理社会保障，但大多是人口少的国家和地区。另外，卫健委等部门在医疗项目上参与较多。

(2) 社会保障业务经办机构

社会保障业务经办机构是隶属于又相对独立于各级社会保障行政主管机构的一种公共事业部门，其主要职责是社会保障参加者（受保人）的资格审定和登记、社会保障基金收缴、社会保障基金日常财务和个人账户管理、社会保障待遇计算和发放，以及为投保人提供各项社会化服务等。

从国外情况看，在福利待遇较高的国家里，政府直接经办社会保障，如澳大利亚由社会保障部负责老年、失业和家属津贴项目管理；英国由社会保障部经办国民社会保障；古巴由国家劳动与社会保障部门管理受保人登记等业务；日本在厚生省设立社会保险司，在地方政府设立社会保险处，负责老年项目管理。在另外一些国家，非营利组织（或非政府机构）也可以负责经办业务。例如，智利、哥伦比亚、印度尼西亚、韩国等国家的经办机构即属于非营利性的管理机构。

(3) 社会保障基金运营机构

社会保障基金运营机构是隶属于又相对独立于各级社会保障行政主管机构的一种具有法人地位的金融部门，其主要职责是进行社会保障基金投资、运营，实现基金保值增值。从行政组织层次上看，它和业务经办机构属于一个层次。它可以由社会保障基金会独立运作，也可以由专门的基金公司运作。各个国家社会保障基金运营机构的具体情况不尽相同。从社会保障基金组织的组织形式看，许多国家基金管理组织的最高权力机构是由受保人、政府和雇主三方代表组成的理事会，也有的加上工会代表组成四方理事会。基金组织作为自治管理机构独立于政府。

(4) 社会保障监督机构

为了保证社会保障制度有效建立和正常运作而建立的监督管理制度称为社会保障监督体系，它包括社会保障监督机构和监控机制。建立和健全社会保障监督机制，在维护社会成员的社会保障权益、及时纠正社会保障管理与运行中出现的问题、保障社会保障可持续发展等方面具有重要意义。社会保障监督机构是依法成立并在法律范围内对社会保障管理和实施行使监督职能的组织。不同类型的国家由不同性质的机构负责社会保障监督。一般来说，社会保障监督机构包括行政监督机构、专门监督机构、司法监督机构以及社会监督机构四种类型，分别承担不同的监督职能。

第一，行政监督机构。行政监督是指政府有关职能部门根据其管理职能，代表国家对社会保障制度的运行进行的监督。执行行政监督的机构都是政府的职能部门，都将监督社会保障事务纳入自己的工作范畴，并按照本部门的工作程序、工作手段行使监督权。中国的社会保障行政监督机构主要包括各级人民代表大会及其常委会、人力资源和社会保障部门、民政部门、财政部门、审计部门、监察部门、金融管理部门以及其他部门。审计部门与社会保障机构不存在直接关系，只是通过它审计监督社会保障机构是否遵守了社会保障法律制度。

第二，专门监督机构。专门监督机构是官民结合或民间成立的监督机构，反映非官方的意见。专门的社会保障监督机构是独立于政府之外的公共部门，机构成员由政府代表、企业代表、职工代表和专家学者组成，主要职责是对社会保障政策的贯彻落实情况、基金的筹集和管理运营、待遇给付、服务质量等诸环节和机构实施全面监督，包括监督政府行为。

第三，司法监督机构。一般行政监督机构和专门监督机构能够纠正社会保障运行过程中的失误，但对一些争议、违法行为的处理缺乏权威性，这就需要由司法部门出面解决。司法部门利用法律赋予的权力对社会保障事务实行司法监督。

第四，社会监督机构。社会监督是指非官方的、非专门的社会保障监督系统之外的其他方面的监督，是群众性、社会性、非强制性的监督。社会监督机构是非官方的社会组织，主要包括工会组织、企业及劳动者团体、社会舆论组织（包括电视、报刊、广播等各种大众化的社会传媒）。

社会保障监控机制包括日常监督和预警监督。日常监督是指对社会保障事务的日常运行进行监督。预警监督属于中长期趋势监督，指通过预测来防止社会保障危机的出现。社会保障的监控必须坚持日常监督和预警监督相结合的原则，以保证社会保障制度长期顺利运行。

（三）社会保障管理方式

由于各国经济、政治、文化和历史背景等因素的不同，各国所采取的社会保障管理方式也有所不同。根据政府在社会保障事务中的介入程度以及责任大小，社会保障管理可以分为：

1. 政府直接管理

这种方式是由政府设立专门的管理机构统一集中管理全国社会保障事务，这有助于保障受保人利益和社会稳定，维护社会公正。它具体可以分为两类：①政府内设立一个专门的部或者委员会，下设分支机构，纵向统一管理全国社会保障工作。如在英国，社会保障部是全国最高的社会保障行政主管部门，各地设立社会保障局，县市设立社会保障处，统筹负责全国社会保障事务。②由政府的几个部门进行多头管理。如在日本，中央设立厚生省管理全国养老、遗属、残疾、医疗等保障项目，职业保障局管理失业、工伤等保障项目。

2. 半官方自治管理

这种方式是由政府成立一个统一的协调机构，负责协调全国社会保障事务，并指定一个或若干个中央政府部门实施统一监督，而具体的管理工作则由半官方、半独立的行业或地区社会保障管理机构来负责。比如法国，公共健康与医疗保障部负责社会保障的监督工作和颁布法律，全国疾病保障基金会、全国老年保障基金会、全国家庭补贴基金会及其各自的地区性分支机构，分别负责管理全国的疾病保险、养老保险和家庭补贴等保障项目。

3. 商业保险管理

这种方式是在政府社会保障主管部门的监督下，实施一种强制性储蓄保险，按照固定缴费率征缴保险基金。基金的管理、投资和营运均由独立的、具有半官方性质的基金会负责。比如新加坡，在国家劳工局监督下，实行社会保障中央公积金制度，由半官方性质的中央公积金局负责管理和组织实施养老、医疗和住房等社会保障项目。又比如智利，20世纪80年代后，其社会保险制度改革为完全由个人缴费，强制个人储蓄，以个人账户为中心，并且由私营机构管理经营的方式。这种方式由政府监管并承担一定的财政责任，管理比较简便，效率比较高。

（四）社会保障管理的主要类型

1. 集中管理式

集中管理式是把各个社会保障项目全部集中在同一个管理体系，建立起一套统一的社会保障管理机制，对社会保障各项目资金进行统一管理。这种管理模式最成功的代表是新加坡的中央公积金制度。

集中管理的优点在于：①有利于社会保障管理统一规划、统一管理、统一监督，可以避免多头管理带来的诸多矛盾；②有利于社会保障业务和基金的集中管理、社会保障各项目和环节之间的协调，并可以使社会保障资金在一定范围内调剂使用，提高资金使用效益；③有利于降低社会保障管理机构的管理成本，把管理费用控制在合理范围，同时提高管理效率；④方便用人单位和受保人，把所有的社会保障资金集中在一起征缴，并由社会保障机构负责资金支付，减轻企业社会保障工作负担。

2. 分散管理式

分散管理式是指不同的社会保障项目由不同的政府部门管理，并各自建立一套执行、监督机构，各社会保障项目之间相互独立，资金不能相互融通。即政府把社会保障管理工作分散到各部门,使之独立负责一项社会保障工作,并各自建立起一套保险执行机构、资金运营机构及监督机构,各保险之间是相互独立的,资金不能相互通融使用,呈现出强烈的多部门、分散化现象。

分散管理的优点是:①管理机构拥有较大自主权,可灵活适应发展需要,制定详细规划;②可以根据现实情况,由管理机构及时调整社会保障项目。

分散管理的局限性在于:①管理机构多、人员多,管理成本高;②因机构庞杂容易导致工作重复,给社会保险机构及用人单位、受保险人带来诸多麻烦;③容易造成多头管理、条块分割、块块分割,政策不统一,行为不协调。

分散管理模式最典型、运作最成功的是德国的社会保障管理体制。德国的养老、医疗、工伤保险机构作为独立法人,实行自治管理,不隶属于政府机构。失业保险机构则由雇主、雇员和政府代表三方组成代表大会进行管理。政府只是设立专门机构对社会保险进行监督,并根据各类保险机构的不同情况进行必要的财政平衡。

3. 集散结合管理式

集散结合管理式是指将相关的社会保障项目集中起来统一管理,但将特殊的项目单列,由专门部门分散管理。这种模式的优势是:①可以体现社会保障的社会化要求,同时也可以兼顾个别项目的特殊要求;②有利于降低管理成本,提高管理效率。这种类型兼具上面两种类型的优点,也在一定程度上避免了两者的缺点。日本采取了这种类型的管理体制。在日本,养老保险和医疗保险由厚生省负责,失业保险由劳动省负责,各个政府部门对社会保险实行分别管理、相互独立的原则。

三、我国的社会保障管理体制

20世纪末,国务院进行机构改革,设置民政部。作为主管有关社会行政事务的国务院组成部门,民政部的职能进行如下调整:机构改革后的民政部将农村社会养老保险职能交给劳动和社会保障部;划入的职能有①民办非企业单位的登记管理工作;②原国家经济贸易委员会承担的组织协调抗灾救灾的职能;③原国务院退伍军人和离退休干部安置领导小组、国务院勘界工作领导小组撤销后的工作。同时,组建劳动和社会保障部,统一管理我国的社会保障事务。新的劳动和社会保障部划入的社会保险职能包括:人事部承担的机关事业单位工作人员社会保险职能、民政部承担的农村养老保险职能、卫健委承担的公费医疗管理职能、国务院原医疗保险制度改革小组承担的医疗保险制度改革职能。至此,我国基本统一的社会保障机构建立起来。

21世纪初,国务院设立人力资源和社会保障部,将原人事部、原劳动和社会保障部的职责整合划入人力资源和社会保障部,不再保留人事部、劳动和社会保障部。根据国务院机构改革的部署和要求，人力资源和社会保障部基本实现了原人事、劳动和社会保障部两个职能部门的有机统一和彻底整合，达到了优化组织机构、规范机构设置、完善运行机制、提高行政效能的目标，对平稳有序地推进全系统的各项工作发挥了重要作用。

党的十九大对深化机构和行政体制改革做出重要部署，要求统筹考虑各类机构设置，科学配置党政部门及内设机构权力、明确职责。党的十九届三中全会通过了《中共中央关于深化党和国家机构改革的决定》和《深化党和国家机构改革方案》。2018年3月，第十三届全国人民代表大会第一次会议批准了国务院机构改革方案。

第一，组建退役军人事务部。为维护军人军属合法权益，加强退役军人服务保障体系建设，建立健全集中统一、职责清晰的退役军人管理保障体制，让军人成为全社会尊崇的职业，方案提出，将民政部的退役军人优抚安置职责，人力资源和社会保障部的军官转业安置职责，以及中央军委政治工作部、后勤保障部有关职责整合，组建退役军人事务部，作为国务院组成部门。其主要职责是，拟定退役军人思想政治、管理保障等工作政策法规并组织实施，褒扬彰显退役军人为党、国家和人民牺牲奉献的精神风范和价值导向，负责军队转业干部、复员干部、退休干部、退役士兵的移交安置工作和自主择业退役军人的服务管理、待遇保障工作，组织开展退役军人教育培训、优待抚恤等，同时指导全国拥军优属工作，负责烈士及退役军人荣誉奖励、军人公墓维护以及纪念活动等。

第二，组建应急管理部。将民政部的救灾职责、应急管理部的职责、国务院办公厅的应急管理职责、公安部的消防管理职责、自然资源部的地质灾害防治和水利部的水旱灾害防治、农业农村部的草原防火、国家林业和草原局的森林防火相关职责、中国地震局的震灾应急救援职责，以及国家防汛抗旱指挥部、国家减灾委员会、国务院抗震救灾指挥部、国家森林防火指挥部的职责整合，组建应急管理部，作为国务院组成部门。其主要职责是，组织编制国家应急总体预案和规划，指导各地区各部门应对突发事件工作，推动应急预案体系建设和预案演练；建立灾情报告系统并统一发布灾情，统筹应急力量建设和物资储备并在救灾时统一调度，组织灾害救助体系建设，指导安全生产类、自然灾害类应急救援，承担国家应对特别重大灾害指挥部工作；指导火灾、水旱灾害、地质灾害等防治；负责安全生产综合监督管理和工矿商贸行业安全生产监督管理等。

第三，组建国家医疗保障局。为完善统一的城乡居民基本医疗保险制度和大病保险制度，不断提高医疗保障水平，确保医保资金合理使用、安全可控，统筹推进医疗、医保、医药"三医联动"改革，更好地保障病有所医，方案提出，将人力资源和社会保障部的城镇职工和城镇居民基本医疗保险和生育保险职责、国家卫生健康委员会的新型农村合作医疗职责、国家发展和改革委员会的药品和医疗服务价格管理职责,以及民政部的医疗救助职责整合,组建国家医疗保障局,作为国务院直属机构。其主要职责是,拟定医疗保险、生育保险、医疗救助等医疗保障制度的政策、规划、标准并组织实施;监督管理相关医疗保障基金,完善国家异地就医管理和费用结算平台;组织制定和调整药品、医疗服务价格和收费标准,制定药品和医用耗材的招标采购政策并监督实施,监督管理纳入医保范围内的医疗机构相关服务行为和医疗费用等。同时,为提高医保资金的征管效率,将基本医疗保险费、生育保险费交由税务部门统一征收。

第四,调整全国社会保障基金理事会隶属关系。为加强社会保障基金管理和监督,理顺职责关系,保证基金安全和实现保值增值的目标,方案提出,将全国社会保障基金理事会由国务院管理调整为由财政部管理,承担基金安全和保值增值的主体责任,作为基金投资运营机构。

总的来看,这次国务院机构改革贯彻落实党的十九大和十九届三中全会精神,落实坚持和加强党的全面领导的要求,适应新时代我国社会主要矛盾变化,聚焦发展所需、基层所盼、民心所向,按照优化协同高效的原则,既立足当前也着眼长远,对社会保障事业发展进行了系统化的规划和科学化的机构设置,理顺了职责关系,为全面贯彻落实党的十九大部署的社会保障任务了提供有力的组织保障。

我国的社会保障制度是由中央政府和各级地方政府共同负责的。中央政府的职责是,制定全国统一的法规、政策和标准,对困难地区提供资金帮助。中央政府管理社会保障事务的主要机构是人力资源和社会保障部、民政部、退役军人事务部、应急管理部、国家医疗保障局和财政部等。各省、市、县政府设有同样的行政管理机构,根据中央的统一政策制定本地法规、政策和标准,筹集社会保障基金,发放社会保障待遇。

经过多年的改革,原有的行政社会保障体系已被打破,新的社会保障体系正在建立之中,但尚不健全。中国共产党第十四届中央委员会第三次全体会议通过的《关于建立社会主义市场经济体制若干问题的决定》充分认识到了社会保障管理体制改革的重要性,就社会保障管理体制改革指出了明确方向和改革思路。该决定要求,"建立统一的社会保障管理机构;社会保障政策要统一,管理要法制化;社会保障行政管理和社会保险基金经营要分开;社会保障管理机构主要是行使行政管理职能;建立由政府有关部门和社会公众代表参加的社会保险基金监督组织,监督社会保险基金的收支和管理。"上述决定中,有关社会保障体制改革的思路可以概括为以下几个层次:第一,行政管理。政府成立统一的人力资源和社会保障部门,其主要职责是进行宏观管理,拟定法规,制定政策、规划,调查研究和检查监督。第二,业务经办。设立不依附于政府行政管理部门的具有法人资格的业务经办机构,进行业务管理。主要任务包括筹集、管理、给付保险基金及其他相关服务。第三,基金运营。主要是实现社会保险资金征集、支付及保值增值。社会保险基金经办机构在保证基金正常支付和安全性、流动性的前提下，研究制定国家宏观政策指导下的社会保险基金投资经营的渠道和办法，确保社会保险基金的保值增值。第四，社会监督。主要是由企业、职工和社会保障管理部门以外的政府部门三方代表组成的社会保障监督委员会，代表投保人的利益，对社会保障政策、法规执行情况和基金管理工作进行监督，确保自身的合法利益。随着我国社会主义市场经济体制的逐步完善，我们必须立足当前，着眼长远，逐步建立和完善具有中国特色社会主义的社会保障管理体制。

第五节 社会保障水平

社会保障水平是衡量社会保障"量"的特征的一个重要指标。社会保障水平以量化指标方式，衡量和评价一国社会保障制度自身内部机能和运行状况，对宏观经济的影响与效应分析、社会保障制度改革及新制度设计，都具有十分重要的意义。

一、社会保障水平及其指标

社会保障水平是指一定时期内一国或地区社会成员享受社会保障的高低程度。社会保障水平指标是指为了衡量和表现社会保障水平而选取的变量。国外，一般把社会保障总支出占国内生产总值（GDP）的比重，作为衡量社会保障水平的主要指标，其计算公式为：

社会保障水平=社会保障支出总额÷国内生产总值×100%

其中，社会保障支出总额是指一定时期内一国或地区实际支出的各种社会保障费用总和；国内生产总值（GDP）是指在一国境内一定时期本国居民与外国居民生产或提供的最终产品和服务价值的总和，它实际上是经济活动带来的新增价值总和；二者之间测定的数学分析表达式为：

$S=S_P/W-W/G\times 100\%=SP/G\times 100\%$

其中：S代表社会保障水平率；S_P代表社会保障支出总额；W代表工资收入总额；G代表国内生产总值（GDP）。

社会保障支出总额占国内（地区）生产总值的比重，集中地反映了一国或地区的经济资源用于提高居民社会保障待遇水平的程度。同时，这样一个指标用比例的形式，消除了量的不同可能带来的不可比性，有利于不同国家和地区、不同时期之间进行横向和纵向的比较，在实际统计中，也比较容易获得数据，因而被广泛用作衡量社会保障水平的主要指标。

在具体衡量一国或地区的社会保障水平时，除了考虑社会保障总支出占国内（地区）生产总值的比重外，还应考虑人均的社会保障待遇水平、社会保障覆盖面与社会保障自身的制度结构等多项指标,这样才能对该国或地区社会保障的实际水平做出客观全面的判断与评价。

同时,可以从动态角度对社会保障发展状况进行衡量,其衡量指标主要采用社会保障水平发展系数。社会保障水平发展系数是从社会保障增长率与经济增长率之间的变动关系角度出发,进一步考察社会保障水平发展的一般规律及与经济发展之间的适应性关系。其数学分析表达式为:

$$CSS=R_{SP}/R_{GDP}=(\triangle S_P/S_P)/(\triangle GDP/GDP)$$

其中:CSS 代表社会保障水平发展系数;R_{SP} 代表社会保障水平(SSL)增长率;R_{GDP} 代表国民经济发展水平增长率。

社会保障水平发展状况与经济发展之间的适应性关系可以分为两种情况:适应状态和不适应状态。一般情况下,对比较成熟的社会保障制度而言,通过对社会保障水平发展系数的分析,可以判断其不适应状态包括的三种情况:

当 CSS<0 时,表明社会保障水平增长与经济增长呈反向变动。

当 CSS=0 时,表明社会保障水平在原有基础上没有发展,即零增长。

当 CSS>1 时,表明社会保障水平的增长超越了经济的增长,社会保障水平的增长有些过度,距离1越远,则过度状况越严重。这种状态长期发展下去会产生严重的负面效应,并给社会经济发展埋下极大隐患。

社会保障水平发展状况与经济发展之间的适应状态包括两种情况:

当 0<CSS<1 时,表明社会保障水平增长与经济增长呈现正向变动,社会保障水平是增长的,但其增长速度低于国民经济增长速度,从社会经济发展理性分配的角度来看,二者之间处于基本适应状态。

当 CSS=1 时,表明社会保障水平同经济发展同步增长,二者之间处于最佳适应状态。

二、社会保障水平的制约因素及特点

社会保障水平的制约因素主要有:

1. 经济规模与经济发展水平

一国或地区所能提供的经济资源总量,作为社会保障支出的最终来源,其规模必然从根本上制约社会保障水平的高低。

2. 政治、社会结构

西方国家的多党竞争政治制度,使得各党派为了争取选民的支持而承诺较高的社会保障水平,这不可避免地导致了社会保障水平攀升的"登台阶"效应。我国的城乡二元社会结构造,成社会保障制度分割和城乡社会保障水平差异较大。

3. 制度年龄和人口结构

制度年龄是指社会保障制度建立的时间长度。制度年龄越长,社会保障水平越高；反之，社会保障水平越低。同时，社会保障水平与一国人口结构有着密切的关系，伴随着全球人口老龄化浪潮的到来，社会保障水平将不可避免地被抬升。随着时间推移，所有的社会保障制度将趋向"成熟"。

4. 历史、人文等特殊因素

社会保障水平的高低受到一国或地区独特的历史、人文因素的影响。瑞典之所以成为"福利国家橱窗"，是因为瑞典长期选择一种独特的"混合主义"的经济政治模式，宣扬政府对社会生活进行干预以及政府的责任。

在多种因素共同作用下，社会保障水平呈现以下特点：

（1）动态性特征

社会保障水平随着经济发展、人口结构变动、制度成熟而变动。

（2）刚性特征

社会保障水平具有刚性增长特征，表现为社会保障规模只能扩大不能缩小，项目只能上不能下，水平只能提高不能降低。世界各国的社会保障实践几乎都证明，缩减社会保障支出、降低社会保障水平，会引起社会动荡不安。

（3）社会保障水平客观上存在一个"适度区域"

过低或过高的社会保障水平，对于社会保障制度自身运行和社会经济发展都会产生不良影响。确定社会保障的适度水平，是社会保障制度建设的一项基础性工作，在衡量、评价和调整社会保障制度运行中起着重要的指导性作用。

三、社会保障水平"适度"的标准

社会保障水平既包含"量"的内容，又包含"质"的特征。"量"是社会保障支出占国内生产总值的比重，反映社会保障水平高低。但是，对于一国或地区在一定时期内的社会保障水平，相对于经济社会发展和自身要求是否"适当"，则需要进行具体的分析判断，这也代表了社会保障"质"的方面。社会保障水平是"质"与"量"的统一。

判断社会保障水平适度与否的标准不是单一的，需要考虑的因素主要包括：社会保障制度是否保证了公民具有一定的经济生活水平，并能抵御不可抗拒的社会风险；社会保障支出是否与国民经济和社会发展水平相适应，是否与社会各方面承受能力相适应；社会保障结构是否与国民经济产业布局相适应；社会保障水平是否有助于促进就业与统一的劳动力市场形成等。总之，社会保障水平"适度"的判断标准，概括起来就是，社会保障制度在保证公民保持在一定经济生活水平的基础上，对国民经济发展起到积极促进作用，同时能够实现自身运动周期平衡，维持社会保障制度良性运行。对于社会保障适度水平的判断，要坚持理论研究分析与实际效应研究分析相结合，不能把国外的判断直接搬到本国社会保障水平的分析中，需要有一个具体分析、比较、鉴别和改造运用的过程。

四、社会保障适度水平的测定

人们对于社会保障"公平与效率""稳定与发展""利益维持与利益调整"等问题的认识总是存在差异，从而无法形成对社会保障"适度"水平的统一认识。尽管如此，基于社会保障与经济发展的实际状况，形成一个相对一致的测定社会保障适度水平的标准是有意义的，也是可能的。

社会保障适度水平的测定方法有多种，基本的方法包括实证分析方法和理论分析方法。实证分析方法主要是基于历史资料对社会保障水平做出评价的方法。对经济发展的影响和效应，是判断社会保障水平适度与否的重要标准。经济发展是多种因素交互作用的结果。根据对各历史阶段经济运行状况及影响因素的分析，可以相对分解出社会保障因素对经济运行的影响，进而判断社会保障水平适度与否，以及适度的社会保障水平应该是多少。

社会保障水平是动态的，因此社会保障适度水平也应是动态的。为了较为准确地确定各国各个时期的社会保障适度水平，需要运用理论分析的方法。这种方法要求以社会、经济、人口理论为依据，提炼出与社会保障水平相关程度较高而又有统计可能的变量，如GDP的增长率、国民收入的增长率、人口老龄化率、劳动就业数、工资规模等，借助经济学中的基本经济模型、函数，构造出社会保障水平的数理测定模型，进而根据各国特定时期的数据，推算出社会保障水平适度范围，并根据实际状况，验证模型可信度和有效性。

第七章 社会保障之养老保险

第一节 老年保障与养老保险

一、老年保障的概念

老年风险是每个人都可能遇到的确定性风险，由年老而导致的劳动能力逐渐丧失从而失去收入是一个不可逆转的过程。老年人面临健康和经济问题，需要获得支持和帮助。虽然养老是人类社会的一个"老"问题，可以说随着人类社会的产生就存在养老问题，但是，它从来没有像今天这样，对人们产生如此长期而重要的影响。

所谓老年保障，是指通过一系列经济、医疗和社会服务等方面的措施，对退出劳动领域或者无劳动能力的老年人实行的社会保护和社会救助。

老年保障包含了保障的内容和标准。老年保障的内容，不仅包括给予老年人物质补偿，还包括对老年人的医疗、护理、福利等各个方面的内容。老年保障的对象是社会中的老年公民，而社会对老年标准的确定，一般是以生理的衰老和社会功能的下降为转移的。在社会发展的不同阶段，由于经济、文化等生活条件不同，人们对生理衰老和社会功能下降发生的年龄起点看法不同。为了规范并明确享受社会保障和退休金的年龄界限，现代社会老年保障所提到的"老年"，一般是由国家或政府按照法律制度规定的年龄标准来确定的。这种标准各国不尽相同，一般发达国家的标准比发展中国家略高一点。

那么，我们常说的老年保障和养老保险有什么关系呢？养老保险是老年保障的一个组成部分，是指政府通过法律制度规定，要求符合条件的公民必须参加，由国家、雇主和个人共同出资建立基金，对达到法定年龄并退出劳动领域的劳动者提供补偿，以保障劳动者个人及其家庭基本生活需要的制度。养老保险明确指出，养老保险的对象是退出劳动力队伍的劳动者，提供的是基本的生活保障。老年保障的覆盖范围要大于养老保险，其对象是全体老年人，而不仅仅是退休者；老年保障的内容也比养老保险宽泛，还包括老年人的医疗、护理、福利等各方面的内容。

二、老年保障的意义

（一）老年保障有利于社会公平

每一个人都会进入老年，这是客观规律。在人口老龄化和人类寿命不断延长的情况下，越来越多的老人会退出劳动生涯，他们的健康问题、经济问题也会逐渐增加，他们需要社会提供帮助获得生活保障。每一位老人在年轻的时候都曾对社会的发展有所贡献，没有他们为社会物质文明和精神文明作出的贡献，就没有整个社会的发展。因此，他们有权因自己毕生的劳动积累获取物质帮助和服务，享受社会发展的成果，实现代际间的公平。另外，老年保障可以通过收入再分配，缩小收入差距，使国民收入趋于平均，缓和各利益群体的矛盾，促进社会公平。

（二）老年保障有利于社会稳定

人的一生都是从年轻力壮走向年老体衰，老年人的今天就是青年人的明天。在老年保障体系健全的条件下，劳动者即使失去劳动能力、退出工作岗位，也不用担心没有经济来源、老而无依。这种承诺的保障解除了青年人的后顾之忧，使劳动者对现实和明天都充满希望，让他们能够安心工作，增强了社会凝聚力，有利于促进社会安定；同时，由社会来保障老年人的生活也减轻了青年人赡养老年人的负担，有利于年轻人的发展。

（三）老年保障在社会保障体系中占有重要地位

老年保障与其他社会保障有所不同，因为身体状况的衰弱、劳动能力的逐渐丧失是每个人都会经历的，从这种意义上说，由年老导致的无劳动能力是一种确定和不可避免的风险。因此，老年保障涵盖了全体老年人，老年保障基金的筹集、管理、运营和分配等对社会经济会有多方面的影响。

第二节 养老保险制度的实施

养老保险是依照国家法律规定，要求符合条件的公民必须参加的，由国家、雇主和个人共同出资建立基金，对达到法定年龄并退出劳动领域的劳动者提供补偿，以保障劳动者个人及其家庭基本生活需要的制度。

一、养老保险的基本特征

养老保险是社会保险体系的重要组成部分，除了具备社会保险强制性、互济性和普遍性等共同特征外，还具有以下主要特征：

（一）参加保险与享受待遇的一致性

其他社会保险项目的参加者不一定都能享受相应的待遇，而养老保险待遇的享受人群是最确定、最普遍、最完整的。由于年老是人生不可避免的自然规律，这就决定了任何人如果想要安享晚年，都需要有相应的养老保险。人们对养老保险的普遍需求，正是根源于其化解老年风险的普遍性。相对于失业、疾病、伤残等不确定事件而言，老年风险是一个确定的、可以清晰预见的、人人都会遇到的事件。虽然由于不同的人的能力、经历和家庭条件不同，对老年收入锐减、身体衰弱等的承受能力也不同，但随着家庭规模的缩小、保障功能的弱化以及市场竞争带来的各种风险的集中化和多重化，任何人都不能保证自己在老年时没有风险。因此，在养老日益成为人生最普遍风险的同时，养老保险亦成为社会成员最普遍的需求。同时，养老保险在社会保险制度中受保者身份最稳定，参加养老保险者进入法定的养老年龄，都可以享受养老保险待遇；而参加其他社会保险项目，并非都能享受相应的待遇。

（二）保障水平的适度性

养老保险的基本功能是保障劳动者在年老时的基本生活，这就决定其保障水平要适度，既不能过低，又不能过高。一般来说，养老保险的整体水平要高于贫困救济线和失业保险金的水平，低于社会平均工资和个人在职时的收入水平。

（三）享受期限的长期性

养老保险通常都是劳动者在年轻时参加，达到退休年龄办理退休手续后再领取，直至退休者死亡终止，有的养老保险还会顾及劳动者需要抚养的家属，其领取的时间更长。这样，养老保险就具有了以下两个特征：第一，缴费时间长达数十年；第二，领取养老金的时间也长达十多年到数十年不等。参加养老保险的劳动者一旦达到享受待遇的条件或拥有享受养老保险的权利，就可以长期享受养老保险待遇，一直持续至其死亡。

（四）保障方式的多层次性

广义的养老保险，不仅包括国家法定的基本养老保险，而且还包括用人单位建立的补充养老保险（企业年金）、个人自愿参加的储蓄性养老保险等。建立并完善多层次的养老保险体系，已成为一种国际趋势。

（五）与家庭养老相联系

养老保险的产生和发展，逐步取代了传统家庭养老的部分甚至大部分功能。养老保险的保障程度较低时，家庭养老的作用更大一些；养老保险的保障程度较高时，家庭养老的作用就相应减弱。但养老保险并不能完全替代家庭养老，几乎所有国家的宪法或法律都规定了公民有赡养老人义务。因此，养老保险与家庭养老是相互联系、相得益彰的统一体。

（六）管理的复杂性

养老保险管理的复杂性，不仅在于长期积累性，带来了制度设计与管理的难度，而且由于基金规模庞大，基金保值增值的负担也十分繁重，需要有专门的机构和人员来进行基金经营运作，而其他社会保险项目则没有如此大的压力。

二、养老保险制度的设计原则

世界各国由于政治、经济和文化背景不同，养老保险制度实施的类型也有所差异。但是，各国在制定这一制度时，都考虑了以下几个原则：

（一）广覆盖原则

相对于失业、疾病、伤残等不确定事件而言，衰老是一个确定的、可以清晰预见的、人人都会遇到的事件，变老无疑是劳动者面临的最具普遍性的风险。因此，养老保险的普遍需求特征决定了其覆盖面应该是最广的，应包括尽可能多的劳动者。

（二）权利和义务相对应的原则

目前，大多数国家在基本养老保险制度中都实行权利与义务相对应的原则，即要求参保人员只有履行了规定的义务，才能享受规定的养老保险待遇。这些义务主要包括，依法参加基本养老保险；依法缴纳基本养老保险费，并达到规定的最低缴费年限；基本养老保险待遇以养老保险缴费为条件，并与缴费的时间长短和数额多少直接相关。

（三）保证基本生活水平的原则

基本养老保险的目的，是对劳动者退出劳动领域后的基本生活予以保障。保障老年人在晚年有一个稳定、可靠的生活来源，这一原则更多地强调社会公平，有利于低收入阶层。一般而言，低收入人群的基本养老金替代率（指养老金相当于在职时工资收入的比例）较高，而高收入人群的基本养老金替代率则相对较低。由于老年人领取养老金不会是一次性的，所以，往往采取终身、定期给付的形式。在给付期间，往往不可避免地会出现物价上涨或通货膨胀的情况。为保障退休者的实际生活水平与整个社会消费水平相适应，国家往往会根据物价或通货膨胀率的变动情况，按照一定的指数标准调整养老金水平。当然，劳动者还可以通过参加补充养老保险（企业年金）和个人储蓄性养老保险，获得更高的养老收入。

（四）分享社会经济发展成果的原则

随着社会经济的发展，社会平均消费水平总是不断提高，在社会平均消费水平普遍提高的情况下，退休人员的实际生活水平有可能相对下降。因此，有必要建立基本养老金调整机制，使退休人员的收入水平随着社会经济的发展和职工工资水平的提高而不断提高，以分享社会经济发展的成果。因为，离退休者过去的努力为当前经济发展奠定了基础，他们为当今的经济成果创造了条件，做出过贡献，所以，他们有理由分享当下的经济发展成果。如果退休者与在业者之间的收入差距过于悬殊，就会产生大量的老年低收入人群，这违背了社会发展的公平原则。因此，老年人社会保障的标准应当随着经济发展和社会进步而不断提高。

（五）公平与效率兼顾的原则

自从养老保险机制创立以来，公平和效率问题一直是人们争论的焦点。公平原则就是通过养老保险制度实现收入的再分配，以体现社会公平。养老保险中的公平原则，一方面体现在实际存在的代际抚养关系上；另一方面，许多国家实行的"养老金随经济发展而向上调整以，分享经济发展成果"的政策，以及养老金与工资报酬关联的累退制等，都反映了公平原则。效率原则是指制度的设计一定要符合成本最低的要求。成本既包括经济成本，也包括社会成本。养老保险的费用，无论其来源渠道如何复杂，都是劳动者创造的。一个有效率的养老保险制度，就是要用最小的经济成本实现已达成社会共识的养老保险制度的目标。达成社会共识的目标是社会成本，没有明确的目标就有可能引起政策的混乱，造成社会的不安定，进而付出昂贵的社会成本。在制度目标清晰的情况下，如果制度设计不当，也可能造成制度运行的经济成本过高，资源的严重浪费。公平与效率在一定程度上是互相矛盾的，因此，养老保险制度的设计要寻求社会公平与效率的平衡点，实现公平与效率的统一。

（六）管理服务的社会化原则

按照政、事分开的原则，政府委托或设立社会机构管理养老保险事务和基金。要建立独立于企业事业单位的养老保险制度，就必须对养老金实行社会化发放，并依托社区开展退休人员的管理服务工作。

（七）经济援助与服务相结合的原则

根据老年人的生理和身体特点，要想获得正常、健康的生活，他们不但需要有稳定的生活来源和一定的经济基础，而且还要有符合老年人需要的生活服务相配合。事实上，各国养老保险金的水平都不能完全保证每个老年人都有条件雇用保姆或家政服务人员，因此，养老保险在向老年人提供经济帮助的同时，也有必要向他们提供一些必需的服务项目。在全球老龄化问题日益严重的今天，当养老已经不是某一个或几个国家面临的问题时，这一点也就变得更加重要。养老保险能否与经济和社会共同发展，严重影响着养老保险的实施效果，关系到养老问题在多大程度上能够得以解决。

三、国家在养老保险实施中的责任

（一）克服个人短视的风险

由于人无法准确预测自己的寿命，而且每个人的观念不同，所以，总存在一些短视的人，他们更注重即时消费而忽视未来消费。如果没有养老保险制度，在他们老年丧失劳动能力后，就可能陷入绝境。现代社会不能无视这些人的困境，必须予以帮助，但不会是无偿的，因为一旦社会无偿地给短视者以帮助，就可能有更多的人产生短视行为，即"搭便车"行为，因为他们知道，社会最终会照顾他们。这样一来，就会使社会不堪重负。因此，必须建立一种制度，能避免这种短视和"搭便车"行为。解决的办法是，要么强迫在职劳动者储蓄，要么让在职劳动者担负起赡养上一代的责任。在现代社会，能够建立这种制度的只有政府，所建立的这种制度就是养老保险制度。

（二）克服市场信息不对称的风险

市场信息不对称，即个人与养老金投资市场和经营者之间在信息分享方面的不公平。储蓄是预防老年危机的有效办法。但是，个人储蓄无法解决储蓄基金的投资风险和回报问题，这里就存在着个人与市场之间信息不对称的问题。如果让这个问题完全依赖市场解决，又会出现个人与经营者之间的信息不对称问题。个人无法准确地知道保险公司产品设计的思想、管理成本的构成、公司的经营状况，因而无法判断自己面对的风险；在已经遇到的风险面前，个人也无法为自己提供基本保障。因此，政府介入是不可避免的。

（三）克服经济波动的风险

在市场经济条件下，宏观经济的波动是常态化的，同时微观经济的波动也十分频繁。波动有上升和下降，我们在这里更多考虑的是经济下降，即当经济衰退或企业经营困难时对劳动者和退休者产生的影响。如果没有养老保险制度，经济衰退、通货膨胀、企业倒闭等风险就会完全由劳动者承担；而劳动者仅拥有自己的劳动力，他们在某些时候，特别是老年或接近老年时，是无法承受这些风险的。即使是商业保险，也无法承受长期经济衰退的风险，更不用说它自身还有经营风险。只有政府实施的养老保险，才能真正抵御这些风险。

当然也要看到，政府干预也会带来负面影响。政府在养老保险上干预过多，会造成效率的下降。效率的下降可能表现在几个方面，制定过高的退休金标准，会增加养老保险制度的负担，加重在职劳动者的负担，影响经济发展；基金管理效率低，收益水平低；管理成本高，可能产生腐败。因此，政府对养老保险制度的干预有一个"度"的问题，管得太多可能产生负面影响；管得太少可能无法克服"市场失灵"的问题。因此，要实现养老保险的三大原则，就需要政府、企业、个人都发挥作用，组成多层次养老保险体系。从世界养老保险制度的历史变革中，我们也可以看到这一点。

第三节 养老保险的基本内容

一个国家的养老保险制度，通常要包含以下内容：覆盖范围，基金筹集、运营、管理和使用，养老金享受条件和待遇标准，养老保险管理和监督机制等。

一、养老保险的覆盖范围和基金来源

（一）养老保险的覆盖范围

养老保险的覆盖范围，是指法定的适用对象和适用人群。各国因经济社会发展水平不一以及制度规定的差异，其覆盖范围也大小有别。虽然社会保险是针对劳动者的一项社会制度，但在有的国家，养老保险制度却覆盖了全体国民，像西欧、北欧福利国家如瑞典就是普遍保障模式。有些国家的养老保险只包括劳动者，是选择式保障模式，如德国、美国和中国的养老保险制度。

（二）基金来源

基金来源，是指养老保险制度存在和发展的物质基础。从各国养老保险制度的实践来看，养老保险费用的分摊不外乎以下四种方式：第一，由雇主、雇员和国家三方共同负责的方式，如英国、德国和意大利等国家，这种方式最为普遍；第二，由雇主和雇员双方分担，如法国、荷兰、葡萄牙、新加坡等国家；第三，由雇主和国家分担费用，如瑞典在21世纪以前采取的就是这一方式；第四，完全由雇员个人负担，如智利等国家。

总的来说，第一种方式属于多方分担，其资金来源渠道多，保险系数较大，因此得到多数国家的青睐。值得一提的是，即使在那些采用同一方式的国家，费用的分摊比例各国也会有相当大的差异，这也是各国国情不同决定的。

二、养老保险的筹资模式

养老保险是社会保障体系中公认的最大开支项目，社会保险乃至整个社会保

障制度的财政状况是否良好，在很大程度上取决于养老保险制度的财政状况是否良好。因此，各国对养老保险筹资模式给予了高度重视。概括起来，世界各国的养老保险筹资模式主要有现收现付制、完全积累制和部分积累制三种。

（一）现收现付制

现收现付制是以近期横向收支平衡原则为指导的基金筹集模式。它先测算出当年或近两年内老年保险项目所需支付的费用，然后按照一定比例分摊到参加社会保险的单位和个人，当年提取，当年支付。预先不留出储备金，完全靠当年的收入来满足当年的支出，并争取略有节余。在现实生活中，现收现付制主要在社会统筹运行模式中采用。维系这种模式运转的基本约束条件是长期稳定的人口结构，劳动者代际间收入转移与再分配是其经济内涵。现收现付制模式使代际矛盾外在化。

现收现付制模式的主要优点：第一，可依需求变动及时调整缴费或征税比例，保持收支平衡，社会共济性强。第二，操作简便，无须过多的个人信息，管理成本相对较低。第三，可以避免长期积累方式可能遇到的物价上涨、通货膨胀的危险。第四，具有通过再分配达到收入分配公平的特征，体现社会的福利性，它是各国包括医疗、失业等社会保险险种的传统筹资模式。

现收现付制模式的主要缺点：第一，现收现付制模式是通过代际收入转移的方式来进行的，一代人的受益需要下一代人的供款来支付。当老龄化问题日益严重的时候，它难以适应经济和人口结构发生较大波动的情况，这种方式将使下一代人不堪重负。一旦经济出现衰退，或者人口结构发生剧烈变动，特别是出现人口老龄化，社会将出现支付危机。第二，现收现付制存在着某些不利于经济发展的因素，如过高的纳税或缴费比例会直接影响企业产品的竞争力，进而影响经济发展。第三，这一筹资模式还会对劳动力的供给和储蓄产生负激励。

（二）完全积累制

完全积累制又称基金制或预筹积累制。这是一种以远期纵向收支平衡为指导原则的筹资模式。它首先对有关人口的平均预期寿命和社会经济发展状况进行长期的宏观预测，然后在此基础上预测社会成员在享受保险待遇期间所需支付的保险费用总量，并将其按一定比例分摊到劳动者的整个就业期间或投保期间。完全积累制强调劳动者个人不同生命周期的收入再分配，即将劳动者工作期间的部分收入转移到退休期间使用。

完全积累制模式具有以下几个优点：第一，通过预提积累保险基金，有利于人口老龄化背景下实现对劳动者的经济保障。第二，具有很强的激励机制，透明度高。第三，通过强调劳动者个人不同生命周期收入的再分配，有利于缓和现收现付制所产生的代际矛盾。第四，有利于增加储蓄和资金积累，促进资本市场的发展，进而对经济发展具有重要的推动作用。

完全积累制模式的主要缺点和局限性：第一，由于完全积累制实行个人账户，要求具有较多的个人信息和复杂的信息处理系统，管理成本相对较高。第二，完全积累制会引起代内收入再分配，但缺乏收入再分配功能。第三，由于缴费与受益之间往往有较长的时间间隔（往往几十年），其间难免会出现不可控制的风险，如通货膨胀等。因此，在动态经济中如何实现基金的保值增值，具有相当大的难度。

（三）部分积累制

部分积累制是一种介于现收现付制和完全积累制之间的混合模式，是一种资金筹集的创新模式。在社会保险基金的筹集中，一部分采取现收现付制，保证当前的支出需要，另一部分采取完全积累制，以满足未来支付需求的不断增长。

从理论上看，这种模式首先是在维持社会统筹现收现付制框架的基础上引进了个人账户制的形式，具有了激励机制和监督机制，同时又保持了社会统筹互济的机制，集中了现收现付制和完全积累制的长处，防止和克服了它们的弱点以及可能出现的问题；其次，这种方式具有较大的灵活性，资金储备全面，不必完全筹足资金，可以根据具体情况而定；最后，缴纳的费（税）率也可以根据储备多少以及实际需要进行调整，既避免了完全积累制可能带来的风险，又可以解决现收现付制存在的缺乏储备和负担不均等问题。

虽然有以上优点，但是部分积累制具体操作起来难度较大，尤其是在各种费（税）率的掌握上，很难做到恰到好处。如果各种标准和费率设置不当，不但达不到预期的效果，反而会导致管理成本的大幅度提高。另外，在具体实施过程中，如何实现新旧模式的平稳过渡，是相当困难的问题。

在现收现付、完全积累和部分积累三种筹资模式中，各国选择的模式通常与本国的养老保险制度直接相关。从欧洲各国的养老保险实践来看，一般都是起始于积累制，但随着时代的变迁逐渐向现收现付制演变，之后又因人口老龄化与养老保险基金支付的压力，开始考虑部分积累制。目前，很多国家采用现收现付制的筹资模式，但为了适应人口老龄化的需要，积累制在部分国家开始"回归"，这也是因为部分积累制在应对经济变化以及做好宏观调控方面有较多优势。

三、享受养老保险金的资格

养老保险制度实施的核心内容是养老金的收取、管理和发放。

退休者，即享受养老保障的人群范围。世界上大多数国家根据年龄、投保年限等标准划分享受养老金的人群。但是，在具体操作中，享受养老金的条件是复杂的，应根据各国国情和经济条件确定。

每个建立养老保险制度的国家都会对养老保险金的申领资格做出明确的规定，而且，绝大多数国家规定的给付条件是复合型的，即，要享受养老保险金必须满足两个或两个以上的条件。

（一）年龄条件

在各国的养老保险金给付条件中，达到规定的支付年龄往往是其核心条件之一。各国享受领取养老金权益的年龄条件，通常是法定退休年龄，不过由于人均预期寿命的差异等，各国的法定退休年龄并不相同，发达国家的法定退休年龄多为65岁甚至更高，而且男女之间退休年龄相同；发展中国家的法定退休年龄显然要低，且存在着男女法定退休年龄不一致的现象。需要指出的是，在处理退休年龄与领取养老金的政策规定方面，亦存在着两种现象：一方面，一些国家为了更好地适应并保障尚未达到法定支付年龄的高龄者的需要和利益，先后建立了养老金提前支取制度。这些制度的相似之处是提前支取的年龄一般为60岁以上，如德国规定劳动者的年龄达到63岁（或60岁时，身体状况已不适合工作）并已参加保险35年时可以提前退休；葡萄牙规定60岁以上的失业人员可以提前退休，从事重体力劳动或有害身体健康行业的劳动者55岁后可以提前退休；西班牙则规定对于那些从事艰苦的、有害（毒）的、危险的、不利于健康的工作的劳动者，也可以在65岁的法定退休年龄前退休。另一方面，为了减轻养老保障支出日益增加的压力，以及照顾那些年纪虽老但精力仍然充沛且业务经验丰富的高龄者，一些国家（如西班牙、法国等国）制定了推迟退休的制度。在这些国家，有的规定了退休年龄上限，如卢森堡最高至68岁，瑞典为70岁，英国男性为70岁，女性为65岁；有的则没有规定退休年龄上限，如德国、西班牙、奥地利、芬兰等国。各国退休年龄的确定与各国的人口预期寿命、劳动年龄人口的就业状况以及经济活动人口的老龄化程度等因素有关。随着人口平均寿命延长，提高退休年龄已成为许多国家在劳动就业和社会保障方面的重要调整举措。

（二）缴费条件

缴费条件即参加养老保险的年限和缴纳养老保险费的年限。例如，德国规定享受养老金的条件是年满63岁且投保35年，或年满65岁且投保15年；法国规定享受养老金的条件是年满60岁且投保37.5年，如果未达到37.5年，则减发养老金；意大利则规定，被保险人若已缴纳保险费满35年，则无论退休与否，均可开始领取养老金。

（三）其他条件

其他条件有工龄条件、居留条件等。在工龄条件方面，瑞典的附加养老金也要求工龄满30年才有资格领取。在居留条件方面，则规定申领者必须满足一定的居住期限。例如，丹麦规定养老金领取者必须在25~67岁之间且至少在丹麦居住了3年；瑞典规定在瑞典居住不满40年的人，其养老金的计算方法是每居住1年可得到1/40的基础养老金，但至少要在瑞典居住3年才能拿到最低的基础养老金，即全部基础养老金的3/40。

四、养老保险金的缴费与给付

（一）养老保险金的缴费模式

养老保险缴费模式包括给付确定模式和缴费确定模式。

给付确定模式，是指先设定养老保险金为保障一定的生活水平所需要达到的替代率，以此确定养老保险金的给付标准，再结合相关影响因素进行测算，来确定养老保险金的征缴比例。因此，这种模式实质上是"以支定收"的模式。给付确定模式维持的是短期内的横向平衡，一般没有结余。这种模式总是和现收现付模式联系在一起的。

缴费确定模式，是指结合未来的养老负担、基金的保值增值、通货膨胀率、企业的合理负担、现行劳动力市场和工资水平等因素，经过预测后确定一个在相当长时期内比较稳定的缴费比例或标准，再根据这个缴费标准来筹集养老保险基金，并完全或部分地存入劳动者的个人账户。在劳动者失去劳动能力后，以其个人账户中的金额作为养老保险金或养老保险金的一部分。这种模式实质上是"以收定支"的模式。缴费确定模式维持的是长期内的纵向平衡。这种模式总是和完全积累模式或部分积累模式联系在一起的。

（二）养老保险金的给付水平和确定模式

养老保险金的给付是指各国养老保险机构依据本国法律、法规的规定，确定养老金的给付范围、项目、标准等。具体的标准各国不相同。在某些国家，养老保险金的给付范围包括被保险者本人和无收入的配偶、未成年子女及其他由被保险人抚养的直系亲属。例如，在瑞士、瑞典等国家，养老保险金的给付除了基本的养老金以外，还有低收入补助、看护补助、超缴保险费期间的增发额、超龄退休补贴、配偶及未成年子女补贴等。

按养老保险金的给付标准是否与被保险人工作期间的收入水平有关，可将养老保险划分为普遍生活保障模式和收入关联模式。

普遍生活保障模式强调对所有老年居民都提供养老保险，养老保险金的标准是统一均等的，水平高低与消费水平有关，与老年人是否是工薪阶层劳动者、退休前工资收入高或低、职业是否稳定等没有关系，一般是保障其基本生活水平。使普遍生活保障模式的养老保险制度生存下去的基石，是政府财政的有力支持。

收入关联模式强调社会保险费一般由雇主、雇员和国家三方共同负担，社会保险的缴费额度和养老保险金的给付标准都与劳动者退休前的工资收入有关。由于这是一种与收入水平有关联的制度模式,也就自然而然地将非工薪阶层,如农民排除在这种模式之外了。与普遍生活保障模式相比,收入关联模式更强调权利与义务的平衡。

(三) 养老保险金的精算

精算科学是保险和社会保障事业建立和健康运作的数理基础,它以概率论和数理统计为基础,与社会、经济的有关科学相结合,对风险事件进行评价,对各种经济安全方案的未来财务收支和债务水平进行估计,使经济安全方案建立在稳定的财务基础上。精算科学也是养老保险制度建立和健康运作的基础。在现收现付制下,需要估计一定时期内的给付支出,使其与收入相适应。为了避免人口老龄化引起的制度成本迅速上升,需要预先建立一定的积累基金,使计划在长期内实现收支平衡,这需要进行长期收支的估计和长期精算平衡分析。

在积累制下,如果采取给付确定制,就需要根据承诺的给付水平和各年龄死亡率等风险因素,运用精算技术,对成本和债务水平进行定期估计,并使基金与债务相对应,以保持养老保险的偿付能力。如果采取缴费确定制,在计划设计时,就需要根据一定的待遇目标和预定利率估计缴费水平;在计划运作过程中,需要根据投资组合的回报率估计未来的基金积累水平。在养老保险制度从现收现付制向积累制转换时,需要估计过去隐藏在现收现付制下的养老金债务水平,并研究可能的债务分摊方法和不同分摊方法对新制度财务的影响,这些分析和估计都需要运用精算技术。由此可见,精算是养老保险建立、转轨并保持长期稳定发展的数理分析基础,是养老保险的短期成本核算、债务估计和长期财务预测分析的基础。

养老保险金的精算主要应考虑两个因素:人口年龄结构和经济发展状况。根据人口普查、人口登记等资料,统计分析得出总人口中各个年龄组人口所占的比例,从而推断出退休费用的负担变化情况。一般而言,在发展中国家,由于出生率、死亡率较高,人口平均寿命较低、年龄结构年轻,劳动力人口比例大,因此,养老金支付额不高;在发达国家,由于出生率、死亡率较低,人口平均寿命较长、年龄结构老龄化较严重,劳动力人口老年抚养需求多,因此,需要支付的养老金数额越来越大。经济发展状况会影响职工的收入、退休年龄的变化、物价指数、银行利率等,这些都会对养老金的筹集和支付带来直接或间接的影响。

综合考虑以上各方面影响因素后,将退休费用定量化,必须率先确定五个"基础率",即预定死亡率(通过编制专用人口生命表测算)、预定退休率(由职工队伍的年龄结构和退休年龄标准决定)、预定新增就业率(由劳动力资源和就业需求决定)、预定工资率(由工资变化的趋势决定)和预定利率。之后,根据收支平衡的原则确定基金数额及其他。随着各国养老保险事业的发展,年金的精算作用日益显著，逐渐发展成为一门综合人口学、统计学、金融学和劳动经济学的边缘学科。

五、养老保险基金的管理

养老保险基金的数额巨大，不仅直接关系到退休人员的生活保障，而且对整个经济生活会产生一定的影响，事关社会的稳定，因此，各国在管理养老保险基金的问题上都采取非常严格的限制。一般来说，养老保险基金的运营和管理需要注意的是安全性和收益性的结合。这就要求养老保险基金的管理必须按照国家法律、法规的规定，确保资金的保值，并且在此基础上做到资金增值。

对于养老保险基金的管理，世界各国并不统一。一些国家是由各种独立性管理机构或基金会负责，管理机构通常由受保人、雇主和政府三方面组成的理事会领导；也有一些国家的养老保险基金由政府部门直接管理。例如，法国的养老保险基金管理机构为全国养老金保险基金会，它接受法国卫生社会保障部的全面监督；德国的养老保险基金管理机构为联邦薪金雇员保险局，它由德国联邦劳动和社会事务部全面监督；意大利由全国社会保险协会管理养老保险基金，该部门受劳工与社会福利部及财政部的监督。

养老保险基金的投资模式往往和基金的筹资方式紧密联系在一起，如强制性完全积累型养老保障制度的投资运作主要有四种模式：第一，对于缴费确定型个人账户，由投资管理公司分散管理，智利即是如此。在这种模式中，政府的责任是从保护雇员的利益出发进行审慎监管，在必要时对受益人提供最低养老金担保。第二，通过个人缴费建立基金，由公共机构集中管理和投资，比较成功的案例有新加坡和马来西亚，其主要特征是由政府实施管理和投资运营。第三，强制性职业养老金，通常要求建立缴费确定型个人账户进行积累，典型例子如澳大利亚和瑞士。第四，社会保障信托基金，基本上是服务于待遇确定的现收现付型养老保障制度，很多国家都用社会保障信托基金来解决由于养老保险收支不平衡带来的尖锐的债务问题。

养老保险基金管理体制的选择对于养老保险制度的运行起着非常重要的作用。从世界各国的实践来看，养老保险基金共有三种管理模式，即由政府部门直接管理、由政府监督下的自治公共机构管理、由私营基金公司管理。

1. 由政府部门直接管理

采用这种管理模式的代表国家有中国、日本、加拿大、美国和瑞士等国。政府直接管理养老保险事务，又可细分为两种：第一，中央集权式的管理方式，如英国、日本等国，相对来说更为强调中央集权化，统一化程度较高；第二，分权式的管理方式，如加拿大、美国和瑞士等国，地方机构在养老保险基金的管理过程中均扮演着重要的角色。

2. 由政府监督下的自治公共机构管理

采用这种管理模式的代表性国家有新加坡、德国、瑞典等国，政府承担的主要是监督责任，这三国分别由中央公积金局、各保险协会、就业委员会等机构管理养老保险基金。

3. 由私营基金公司管理

采用这种管理体制的代表性国家有智利、法国等国。在智利，就是由个人年金基金管理公司管理个人资本化账户。不过，即使是这种管理模式，政府也无一例外地要承担起相应的监管责任。

第四节 养老保险模式

养老风险的普遍性、复杂性、多因素影响性以及各国国情的差异性都决定了养老保险模式的多样性，但这并不妨碍我们在总结多国养老保险制度实践的基础上，按照一定的标准将养老保险进行分类。按照养老保险的责任承担机制，可以把养老保险划分为以下几种模式。

一、三方负担型养老保障模式

这种模式是指通过社会保险机构为工薪劳动者建立的退休收入保险计划。它强调缴费与收入、退休待遇相关联，并建立在严格的保险运行机制基础之上。德国、美国、日本等大多数国家采取这种模式。这种模式在筹资方式上实施企业、个人和国家三方负担的财务机制，较好地体现了养老保险的社会政策目标，是社会保险筹资的典型形式。通过特定的技术机制，实现由高收入阶层向低收入阶层进行某种程度的收入转移，具有较强的互济性。同时实行集中统一管理，社会化程度很高。

二、国家、企业负担型养老保障模式

这种养老保障模式的最大特点是一切费用均由国家和企业负担，个人不缴纳保险费。苏联、东欧国家、蒙古国、朝鲜等均采取这种模式。改革开放前的中国也采用这种模式。

这种养老保障属于国家保险型养老保障制度，它是以生产资料公有制为基础的一种社会主义国家的养老保障制度。其主要特点是：

第一，国家宪法把包括养老保障在内的社会保障制度确定为社会主义国家的基本制度之一，老有所养，老后有保。社会保障是公民应享受的权利，它是由生产资料公有制作保证的。

第二，养老保险受按劳分配原则的影响，养老保险的享受条件和待遇标准与

工龄有直接关系。

第三，养老保险的资金来源于政府和企业两个方面，劳动者个人不负担任何社会保险费用。

第四，通过人民代表机构对社会保障管理施加影响，参与养老保障制度的实施与管理。

随着各国政治、经济制度的变化和市场经济的发展，这种社会保险制度越来越不适应现实的要求。现在，各国都在探索改革的途径，逐步实行个人和单位缴费制度引进激励机制。

三、国家负担型养老保障模式

这种模式是福利国家广泛采用的一种养老保险制度，它的思想来源于英国《贝弗里奇报告》提出的全民保障方案。其特征主要是：养老金支出由国家财政负担，公民个人不缴纳或缴纳低标准的养老保险费；贯彻"普遍性"原则，保险对象涵盖全体国民，保险项目多，包括"从摇篮到坟墓"的各种生活需要，保障水平也较高；保险费用主要来自国家税收，实行"现收现付"办法。英国、加拿大、澳大利亚、新西兰等国均采用此种养老保障模式，是实施范围较广的另一种社会保险模式。

作为这种模式的典型代表，瑞典以贝弗里奇之福利的普遍性理论为基础，强调"收入均等化，就业充分化、福利普遍化、福利设施体系化"，被人们誉为"老年人的天堂"。瑞典公民年满65岁即可领取全额基本养老金，年满63岁可以领取养老金的94%，而且无须缴纳任何费用，也无须经过收入情况调查，贫富一视同仁。雇工和雇员不需缴纳保险税，而雇主则要缴纳47%的工资税，政府负担基本养老金费用总额的55%。政府在这方面的开支来源于税收。瑞典实行的是累进所得税制度，这一政策不仅为瑞典公民普遍提供了基本的保障，而且其社会再分配的部分也明显地高于其他西欧国家。

瑞典的养老金目标替代率（养老金与平均工资之比）为60%，其中，基本养老保险替代率和补充养老保险替代率各占一半。无论是基本退休金还是补充退休金，主要来源都是每月从职工工资中扣除的保障税，企业主承担基本退休金和保障税，政府提供补贴，个人无须缴纳。几十年来，瑞典人在高福利制度的庇护下，不存在养老压力。然而，从20世纪90年代开始，瑞典现行的养老保险制度陷入了困境。由于多年的人口负增长，瑞典人口老龄化程度很高，截至20世纪末，65岁以上的老年人口占总人口的16%，预计到2030年将达到23%。缴费的人少，享受的人多，养老金收支不平衡，政府财政状况恶化；个人缴纳与将来享受无明显差异，影响劳动者的积极性。这些问题其实也是高福利国家所面临的普遍困境。

国家负担型养老保障模式，是国家借助财政经济政策的调节作用，来保障老年人的生活安定，缓解社会矛盾的主要措施。虽然起到了保障生活的作用，但是，高福利、高消费，也造成了福利费开支过大，国家财政不堪重负，难以为继。实行普遍养老保险模式的各国政府正在积极探索，解决人口老龄化给现行养老保险制度带来的冲击。

四、企业、个人负担型养老保障模式

这种模式是指通过建立个人退休账户的方式积累养老保险基金，当劳动者达到法定退休年龄时，将个人账户积累的基金、利息及其他投资收入，一次性或逐月发还本人作为养老保险金。这种模式的特点是保险金来源于企业和个人的缴费，国家不进行投保资助，仅仅给予一定的政策优惠。

这种模式主要是在20多个亚非国家和一些拉美国家推行。以新加坡中央公积金制度和智利商业化管理的个人账户最为典型。公积金制度的典型代表是新加坡，它的特色不仅表现在雇主与雇员分担供款责任等方面，也表现在由公营的中央公积金局统一管理并垄断经营上，政府承担着给予受保障者以固定收益回报的责任，其使用范围亦由养老扩展到医疗、住房开支等。也有学者指出，这种模式没有体现出社会保险的共济性和互助性原则，因而不能算作社会保险，智利的个人账户只是国家强制实施的个人养老储蓄。

新加坡的中央公积金制度取得了举世瞩目的成就，实现了无须国家财政拨款的养老保险。其中，公积金制度是一种集中管理和强制性管制程度都非常高的社会保障制度。新加坡政府通过自身高度的社会控制力，强制性地使人们必须为自己的各种保障进行预防性储蓄。可以说，中央公积金制度在新加坡取得了巨大的成功，但是，这与新加坡政府对社会生活的强大控制力是分不开的，因此，它并不适合所有国家。另外，它自身也存在不足之处，比如保费较高，它所实行的积累制扩大了不同收入阶层之间原有的工资性收入再分配的差距，也不能体现社会保险的公平性原则。

智利推出的也是一种纯个人养老账户制，由投保者个人投保，并逐渐积累，以供自己晚年的养老，雇主不作投入，国家也不直接资助。它与新加坡中央公积金制度的最大不同之处在于，它是以若干个私人养老金管理公司的养老金基金为主而构成的，政府不直接进行管理。这些机构是股份公司，其唯一的目的是管理养老保险基金，以及除了按法律规定支付和享受的待遇外、与养老保险制度有密切关系的其他业务。这些基金管理机构的业务主要包括征收养老保险费、管理个人账户、投资养老保险基金、开展残疾和遗属保险，以及经办在养老保险制度范围内的各项业务。基金公司有权通过参保人缴纳佣金得到补偿，每个基金公司都可以自由设定这样的佣金，但是，对于同一个基金公司来说，所有参保人的佣金数量都是相同的。

在智利，每个参保人拥有一个个人账户，存放其养老保险缴费。一个参保者可以从政府指定的数个养老金基金管理公司中任选一个，托管自己的养老金个人账户。

智利养老金制度获得的成功引起了各国的广泛关注。与其他国家集中管理养老金基金相比，智利养老保险制度的私人管理模式具备了竞争的性质，是按照市场机制进行有关配置的，它提供了一个很高的收益率。

但是，也有一些对智利模式的批评意见。有人认为，智利模式在再分配问题上是不公平的，它导致了收入可能向着背离那些最贫困阶层的方向转移。另外，认为各个养老金基金管理公司之间的竞争能够降低管理费用也没有根据，因为通过竞争等手段并没有使管理费用减少。智利模式在今后还将面临严峻的考验。

第五节 中国的养老保险制度

中国的养老保险制度是中华人民共和国成立后逐渐建立并发展起来的，已走过几十年的风雨历程。随着中国的发展，养老保险制度也正在经历着深层次的改革和创新，旧的体制正在解体，新的制度正在逐渐形成和完善。

一、建立社会统筹与个人账户相结合的制度

实行社会统筹体现出社会保险的共济性，并且便于体现统一标准、统一运作的优越性。同时，实行个人账户有利于与个人利益挂钩，调动个人投保的积极性，以促进劳动力的合理流动。

二、扩大基本养老保险的覆盖面

20世纪末，国务院发布了《关于建立统一的企业职工基本养老保险制度的决定》，该决定指出，基本养老保险制度要逐步扩大到城镇所有企业及职工，城镇个体劳动者也要逐步实行基本养老保险制度，但是没有包括农村的乡镇企业职工。《劳动和社会保障事业发展第十个五年计划纲要》指出，要依法扩大基本养老保险的覆盖面，城镇、国有、集体、外商投资、私营等各类企业及其职工全部纳入基本养老保险统筹范围；适时改革并完善机关事业单位职工的基本养老保险制度。

三、扩大养老保险金的来源

20世纪末，国务院做出了关于企业职工养老保险制度改革的决定，首次明确提出养老费用由国家、企业和个人三方负担。这是我国养老保险历史上的一次重要变革，从根本上改变了单纯由国家或企业负担养老金的传统格局，个人和企业缴费机制得以建立，从根本上缓解了国家负担过于沉重的状况。这种办法也可以

转变在传统体制下的平均主义和大锅饭的习惯，有利于调动职工个人参与自我保障的积极性。

在新体制中国，家虽然没有直接出资，但是社会保险费税前提取体现了国家的责任，如果社会保险出现了赤字，则由国家财政予以弥补。

四、由传统的现收现付制转变为部分基金积累制，建立新的基金筹集方式

原有的现收现付制办法在老年退休者大量增加和人口平均寿命不断延长的新情况下，显然是不能适应需要的。因为在人口老龄化的形势下，退休金需求大幅增加，国家或企业很难从现有的收入中满足这种需求。20世纪末的《关于建立统一的企业职工基本养老保险制度的决定》统一了个人账户的规模，规定按本人缴费工资的11%为每个职工建立基本养老保险个人账户，个人缴费全部计入个人账户，其余部分从企业缴费中划入。

五、基本养老保险待遇对"新人""老人""中人"规定了不同的给付办法

（一）享受基本养老保险待遇的条件

基本养老金是劳动者年老或丧失劳动能力后获得的保险待遇，主要用于保障职工退休后的基本生活需要，因此其领取自然要以退休为前提，而且"退休"必须符合法定条件。对不符合法定条件而办理退休手续的职工，社会保险机构有权拒付养老金。"法定条件"主要包括三个方面：

第一，达到法定退休年龄。中国法定的企业职工退休年龄是：男性年满60周岁，女工人年满50周岁，女干部年满55周岁；从事井下、高空、高温、特别繁重体力劳动或其他有害身体健康工作的，退休年龄为男性年满55周岁、女性年满45周岁；因病或非因工致残，由医院证明并经劳动鉴定委员会确认完全丧失劳动能力的，退休年龄为男性年满55周岁、女性年满45周岁。

第二，满足基本养老保险条件，关键是最低缴费年限的要求。根据《关于建立统一的企业职工养老保险制度的决定》，在该决定实施后参加工作的职工，个人缴费年限累计满15年的，退休后可以按月领取基本养老金；但对决定实施该之前已经离退休的人员以及在实施前参加工作、实施后退休的人员另有规定。

另外，农民合同制职工、城镇个体工商户等自谋职业者以及采取各种灵活方式就业的人员，在男性年满60周岁、女性年满55周岁时，其累计缴费年限满15年的，可按规定领取基本养老金；其累计缴费年限不满15年的、个人账户储存额一次性支付给本人，同时终止养老保险关系，不得以事后追补缴费的方式增加缴费年限。

第三，按规定缴纳基本养老保险费。

(二) 基本养老金待遇

按照国家对基本养老保险制度的总体思路，我国未来基本养老保险目标替代率，即退休人员的平均养老金占同一年度同一地区在职职工的平均工资收入的比例确定为 58.5%，主要保障退休人员的晚年基本生活。

我国原来采用完全的现收现付模式为养老保险筹集资金，但现在已经转化为部分积累型的统账结合制度，这就不可避免地要处理两种制度的转轨过渡问题：大多数在职职工和退休人员没有养老保险积累，需要为在职职工补充建立个人账户，为已退休人员筹集养老保险金，同时还要保证新老办法平稳过渡、前后待遇水平基本衔接。为此，《关于建立统一的企业职工养老保险制度的决定》对"新人""老人""中人"规定了不同的给付办法。

首先，在该决定实施之后参加工作的职工视为"新人"，适用新的养老金给付方法，即在其退休后按月发给基本养老金。基本养老金由基础养老金和个人账户养老金组成。基础养老金月标准为省、自治区、直辖市或地（市）上年度职工月平均工资的 20%，个人账户养老金月标准为本人账户储存额除以 120。个人缴费年限累计不满 15 年的，退休后不享受基础养老金待遇，其个人账户储存额一次支付给本人，即"新人新办法"：

"新人"养老金=基础养老金+个人账户养老金

其次，在该决定实施前已经离退休的人员称为"老人"，仍按其退休时核定的养老金给付，一般为其退休时标准工资的一定百分比。同时，"老人"可以享受的基本养老金可以按当地职工上一年度平均工资增长率的一定比例（如 40%~60%）进行调整，具体办法在国家政策指导下由省、自治区、直辖市人民政府确定，即"老人老办法"：

"老人"养老金=旧制度的退休金+调整养老金

最后，在该决定实施前参加工作、实施后退休的职工称为"中人"，其个人缴费和视同缴费年限（企业职工建立个人账户前按国家规定计算的连续工龄）累计满 15 年的，在发给基础养老金和个人账户养老金的基础上再确定过渡性养老金。过渡性养老金为本人退休前指数化月平均缴费工资乘以计发系数再乘以决定实施前的缴费年限（含视同缴费年限的连续工龄），计发系数由各统筹地区的政府决定，多在 1%~1.4% 之间。如果以上三项之和与老办法相比仍偏低，则另发给一定数额的过渡补贴，即"中人中办法"：

"中人"养老金=基础养老金+个人账户养老金+过渡性养老金

21 世纪初，国务院发布《国务院关于完善企业职工基本养老保险制度的决定》，规定了改革基本养老金的计发办法。

六、养老金逐步实现社会化管理发放

为了确保养老金按时足额支付,将退休人员纳入社会管理,把企业从繁琐的退休人员管理事务中解脱出来,我国在全国范围内大力推进养老金社会化发放。中共中央办公厅、国务院办公厅在《关于转发劳动和社会保障部〈关于积极推动企业退休人员社会化管理服务工作的意见〉的通知》中指出,"企业退休人员社会化管理服务是指职工办理退休手续以后,其管理服务工作与原企业分离,养老金实行社会化发放,人员移交城市街道和社区实行属地管理,由社区服务组织提供相应的管理服务。"

七、逐步形成多层次养老保险体系

中国实行多层次养老保险体系:第一层次是社会统筹与个人账户相结合的基本养老保险(亦称国家基本养老保险),由国家立法在全国统一强制实施,其目标是保障广大离退休人员的基本生活需要。第二层次是企业补充养老保险,也就是根据单位的经济实力自行建立并确定待遇水平和发放方式的年金制度。有条件的用人单位可为职工建立企业年金,基金实行市场化运营和管理;企业年金实行完全积累,采用个人账户方式进行管理,费用由用人单位和职工个人缴纳。第三层次则是个人储蓄性养老保险。国家鼓励开展个人储蓄性养老保险,个人可以根据经济能力和不同需求自愿参加。在这个多层次的养老保险体系中,基本养老保险是整个体系的核心,可谓是最高层次,而它也是中国社会养老保险的最重要组成部分,是现行基本养老保险制度的主要特征。

参考文献

[1] 田辉，李琦.卓越人力资源管理和社会保障系列教材.劳动经济基础（第2版）[M].上海：复旦大学出版社，2021.

[2] 赵曙明.全球投资新技术与创新人力资源管理实践[M].南京：南京大学出版社，2021.

[3] 余兴安.中国企业人力资源发展报告2020[M].北京：社会科学文献出版社，2021.

[4] 吕姝慧.转型时期中国企业人力资源战略研究[M].北京：中国华侨出版社，2021.

[5] 肖智润，郝皓.管理学[M].北京：清华大学出版社，2021.

[6] 刘翔宇.动态环境下人力资源柔性能力的形成及作用机制研究[M].北京：知识产权出版社，2020.

[7] 刘国梁.网络经济与企业经营研究[M].哈尔滨：哈尔滨出版社，2020.

[8] 宋志章.企业人力资源管理创新研究[M].黑龙江：黑龙江大学出版社，2020.

[9] 苗仁涛.经济新常态下的高绩效人力资源管理系统[M].北京：经济管理出版社，2020.

[10] 刘智强，关培兰.教育部面向21世纪人力资源管理系列教材.组织行为学第5版[M].北京：中国人民大学出版社，2020.

[11] 莫笑迎.新时代经济管理创新研究[M].北京：北京工业大学出版社，2020.

[12] 王玲芝，刘红侠.多元视角下的经济管理原理与实践探索[M].北京：中国财政经济出版社，2020.

[13] 张铁军.体育经济发展及热点问题研究[M].北京：中国经济出版社，2020.

[14] 陈华. 科技型中小企业协同创新策略研究 [M]. 北京：经济管理出版社，2020.

[15] 闫培林. 人力资源管理模式的发展与创新研究 [M]. 南昌：江西高校出版社，2019.

[16] 师美然，张颖，张雯. 图书馆创新与现代管理研究 [M]. 长春：吉林人民出版社，2019.

[17] 陈劲. 管理的未来 [M]. 北京：企业管理出版社，2019.

[18] 吴玥等. 知识经济时代下企业人力资源管理 [M]. 上海：同济大学出版社，2019.

[19] 韦克俭. 经济管理专业本科教育教学改革与创新 [M]. 北京：人民日报出版社，2019.

[20] 连民杰，卢才武. 新时代冶金矿山企业高效开采管理模式中钢富全矿业管理创新之路 [M]. 北京：冶金工业出版社，2019.

[21] 张海东. 国际商务管理（第6版）[M]. 上海：上海财经大学出版社，2019.

[22] 余晖原. 经营管理实践论文集 [M]. 北京：北京理工大学出版社，2019.

[23] 侯亦夫. 创业型经济理论及就业研究 [M]. 长春：吉林人民出版社，2019.

[24] 冯小俊. 科技型中小企业合作型劳动关系的构建研究 [M]. 北京：北京理工大学出版社，2019.

[25] 赵慧. 区域经济发展理论与实践 [M]. 兰州：甘肃人民出版社，2019.

[26] 刘慧平，安慰. 大企业税收管理政策法规应用指南 [M]. 上海：立信会计出版社，2019.

[27] 刘倬. 人力资源管理 [M]. 沈阳：辽宁大学出版社，2018.

[28] 吕菊芳. 人力资源管理 [M]. 武汉：武汉大学出版社，2018.

[29] 张同全. 人力资源管理 [M]. 沈阳：东北财经大学出版社，2018.

[30] 刘娜欣. 人力资源管理 [M]. 北京：北京理工大学出版社，2018.

[31] 欧阳远晃，王子涵，熊晶远. 现代人力资源管理 [M]. 长沙：湖南师范大学出版社，2018.

[32] 林忠，金延平. 人力资源管理（第5版）[M]. 沈阳：东北财经大学出版社，2018.

[33] 奚昕，谢方. 人力资源管理（第2版）[M]. 合肥：安徽大学出版社，2018.